Petra Dürr
Carola Steen

Kaltblutpferde reiten

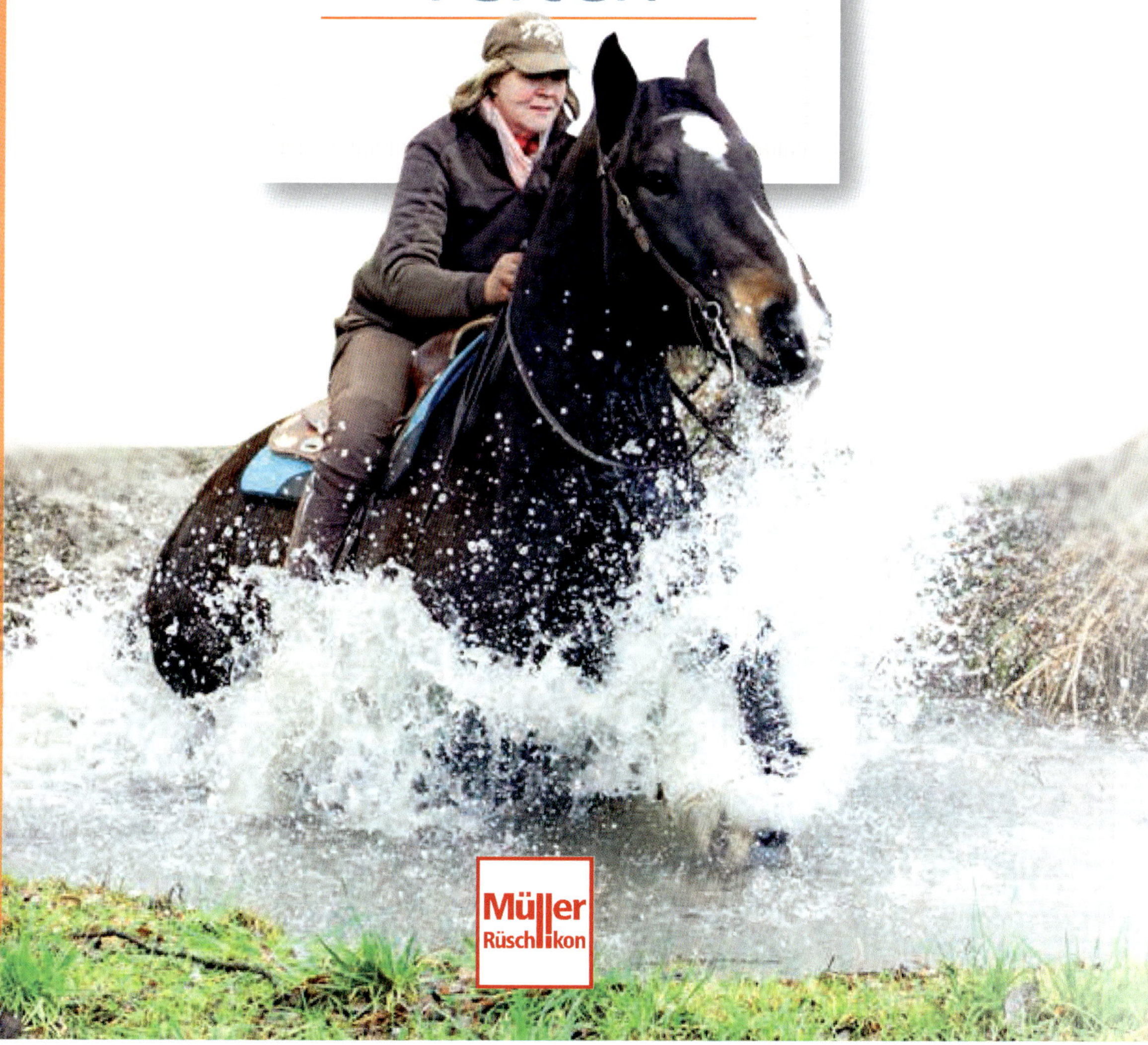

Müller Rüschlikon

IMPRESSUM

Einbandgestaltung: R2 I Ravenstein, Verden
Titelfoto: Bert Bos

Bildnachweis:
Bert Bos: S. 24, 25, 26, 37, 43 (4 Fotos), 45, 79, 80; privat: S. 19, 54, 87.
Alle übrigen Fotos stammen von Carola Steen.

ISBN 978-3-275-02198-7

Postfach 103743, 70032 Stuttgart
Ein Unternehmen der Paul Pietsch Verlage GmbH & Co. KG

1. Auflage 2020

Sie finden uns im Internet unter www.mueller-rueschlikon-verlag.de

Lektorat: Claudia König
Innengestaltung: Kerstin Diacont
Druck und Bindung: Graspo CZ, 76302 Zlin
Printed in Czech Republic

INHALT

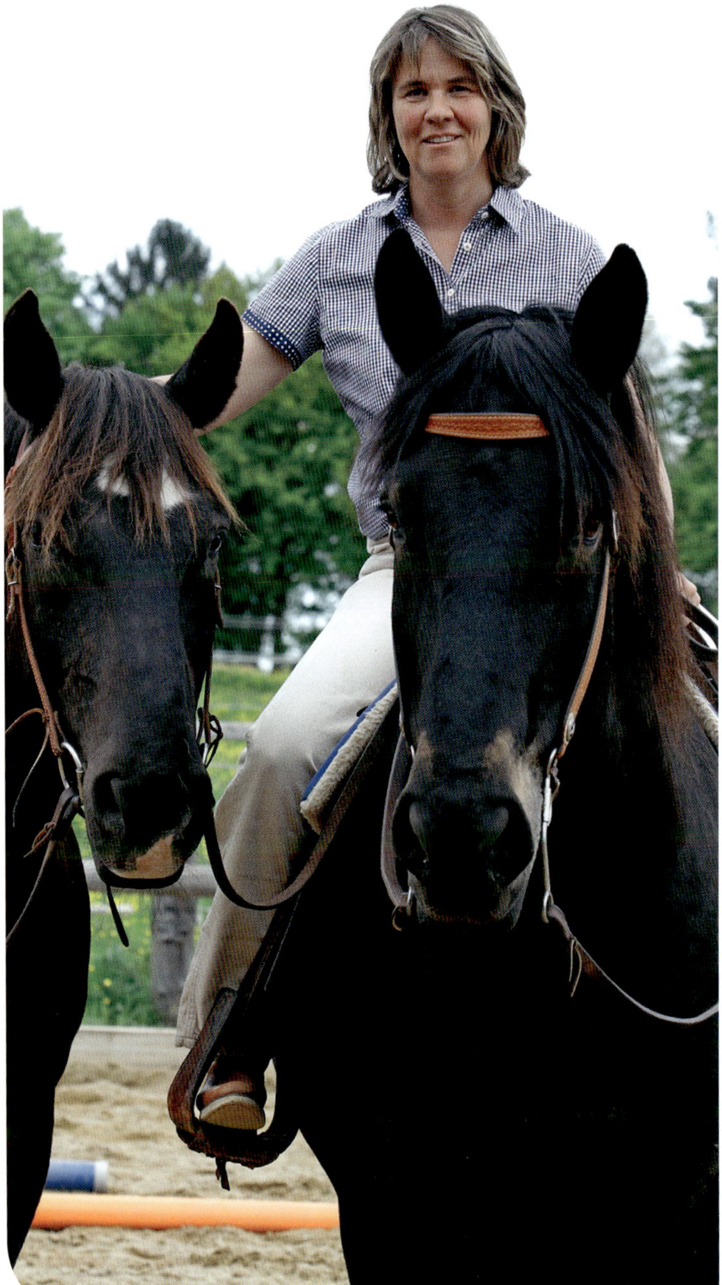

Vorwort

Schon ganz am Anfang meiner beruflichen Selbstständigkeit mit Pferden haben mich die »Dicken« in ihren Bann gezogen. Ich arbeitete damals im Fahrstall Spitzauer, wo »Resi« – eine 11-jährige Süddeutsche Kaltblutstute – mein Herz eroberte. Resi war im Gespann nicht ganz einfach und meist übermotiviert, was wohl auf falsches Einfahren zurückzuführen war, noch bevor sie bei uns im Stall ankam. Da sie aber sehr fleißig und sensibel war, wollte ich sie für das Westernreiten ausbilden. Dies funktionierte hervorragend und damit hat Resi die Lanze für ihre ganze Sippschaft gebrochen!
Später habe ich dann viele Hengstfohlen auf ihrem Weg zur Körung oder auch zum späteren Reitpferd begleitet. »Jonny« – ebenfalls ein selbstaufgezogener Süddeutscher Kaltblutwallach – war hierbei mein langjähriger Begleiter. Mit ihm habe ich unzählige Schauprogramme, Schlittenrennen und Zugleistungen besucht und erfolgreich absolviert.

Jonny sowie seine damaligen Kollegen und derzeitigen Nachfolger haben sich immer auch als überaus zuverlässige Schulpferde für meine Anfänger sowie für fortgeschrittene Reiter bis hin zum Westernreitabzeichen bewährt und dabei ihre Vielseitigkeit unter Beweis gestellt. Gleichzeitig werden alle meine »Dicken« im Gespann vom Ein- bis zum Vierspänner gefahren!

Ebenso waren Ausbildungspferde anderer Kaltblutrassen – vom Schwarzwälder Fuchs bis zum Percheron – bei mir im Stall und haben mich immer wieder mit Fähigkeiten überrascht, die man den »Dicken« allgemein nicht zutraut.

Das liebenswerte Wesen, ihre Gutmütigkeit und Eleganz sowie das imposante Erscheinungsbild haben bis heute die Faszination für diese tollen Pferde in mir aufrechterhalten. Und ich würde mich sehr freuen, diese Leidenschaft mit vielen Gleichgesinnten teilen zu dürfen.

Ein paar Worte zur Neuausgabe:
Ich bin nach wie vor vom Erfolg dieses Buches begeistert, aber auch überrascht darüber, wie viele Fans die »Dicken« haben.
Es macht mich stolz, dass ich mit »Kaltblutpferde reiten« weiterhin einen Teil dazu beitragen darf, das Image der Kaltblüter zu verbessern.

Ein besonderes Dankeschön möchte ich an meinen treuen Gefährten und Lehrmeister »Rokko« richten, der das Buch nicht nur durch zahlreiche Fotos bereichert, sondern außerdem eine Menge Vorlagen für die Texte lieferte.

Eure

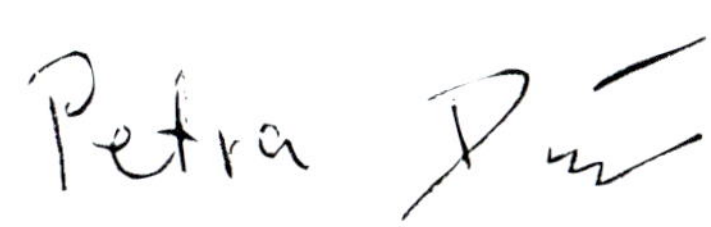

Mehr Informationen zu Petra Dürr unter:
www.spoeckerhof.de

Wichtiger Hinweis:
Niemals ohne Helm. In diesem Buch sind einige Bilder, auf denen die Reiter keinen Reithelm tragen. Zur eigenen Sicherheit sollte jede Reiterin einen Reithelm tragen, dies wird auch ausdrücklich von der Autorin empfohlen.

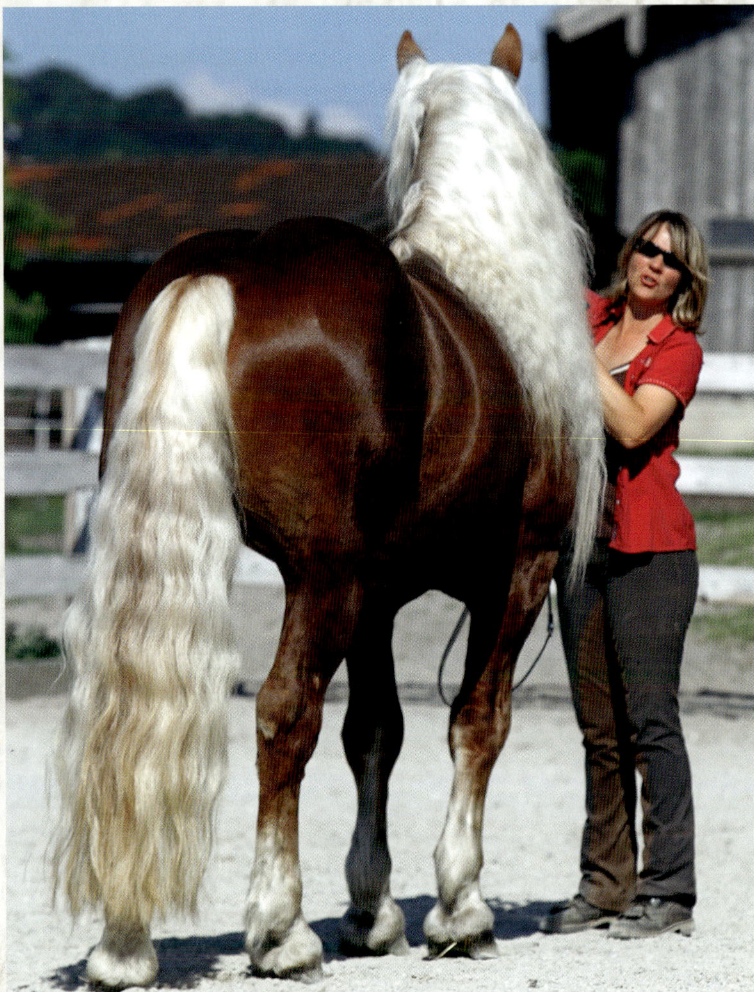

Faszination **Kaltblüter**

Faszination Kaltblüter

Wer schon einmal erlebt hat, mit welcher Ruhe, aber auch mit welcher Präzision ein Kaltblutpferd einen Stamm aus dem Wald zieht, geführt mit zwei einfachen Leinen und mit wenigen Stimmkommandos gesteuert, ist einfach fasziniert. Auch Menschen, die sonst nichts mit Pferden zu tun haben, zollen dieser archaisch anmutenden Arbeit Respekt. Fast wären sie von der Bildfläche verschwunden – die liebenswerten »Dicken«. Der Traktor und die fortschreitende industrielle Landwirtschaft hatten die Kaltblutrassen an den Rand der Ausrottung gebracht. Nur der Passion einiger hartnäckiger Züchter und Liebhaber ist es zu verdanken, dass zumindest ein Teil dieser Rassen heute zur hippologischen Vielfalt gehört. Allerdings bleibt das traditionelle Einsatzgebiet im Forst und in der Landwirtschaft auf wenige Ausnahmen beschränkt. Dieses Dilemma haben die Zuchtgemeinschaften schon lange erkannt und geben sich große Mühe, neue Märkte für diese besonderen Pferde zu erschließen. Neben dem Einsatz vor Kutsche oder Planwagen in touristischen Gebieten gehört auch die Verwendung als Reitpferd dazu. Neu definierte Zuchtziele haben die Gangqualität einiger Kaltblutrassen verbessert. Das ehemalige Schrittpferd zeigt einen ansprechenden Trab und selbst Galoppstrecken sind möglich, wenn auch nicht so ausdauernd wie beispielsweise bei einem Warmblut. Wer sich allerdings für ein Reitpferd im Kaltbluttyp entscheidet, hat meist andere Beweggründe: Er ist ganz einfach dem Charme dieser liebenswerten »Dicken« verfallen, dieser Kombination aus Nervenstärke, Menschenbezogenheit, Intelligenz und einer Kooperationsbereitschaft, die das ehemalige Arbeitspferd auszeichnet.

Quellen

Sämtliche Texte in diesem Buch, die in der Ich-Form geschrieben sind, basieren auf den persönlichen Erfahrungen von Petra Dürr beziehungsweise ihrer Schüler. Andere Texte sind allgemein gehalten und haben Quellenhinweise, soweit diese bekannt sind.

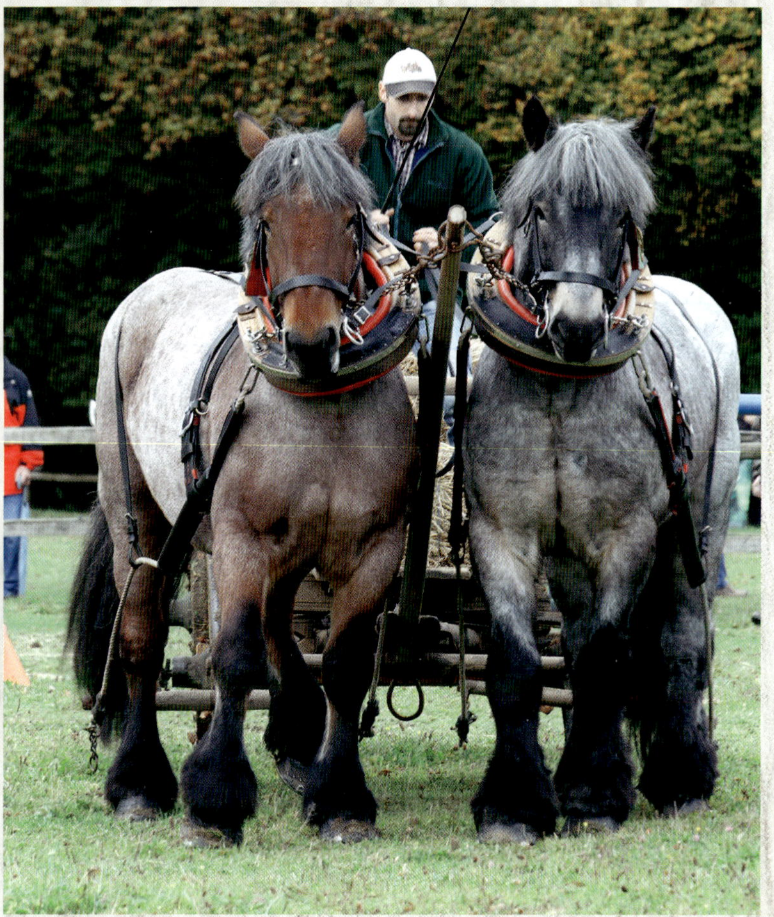

Schwere Pferde – gestern und heute

Das Pferd begleitet den Menschen schon seit Tausenden von Jahren, aber Pferde im XXL-Format jenseits von 500 Kilo und einem Stockmaß von über 1,50 Meter wurden vermutlich erst seit dem Mittelalter gezüchtet. Der Hintergrund: Ein Ritter mitsamt Ausrüstung wog im 12. Jahrhundert etwa 170 Kilo, im 16. Jahrhundert sollen es sogar ungefähr 220 Kilo gewesen sein. Dafür brauchte es starke Pferde, doch durch die Erfindung der Schusswaffen veränderte sich die Kriegsführung: Bei der Schlacht von Cerignola in Italien (1503) bestimmte erstmals der Einsatz von Handfeuerwaffen den Gefechtsverlauf. Mehr und mehr wurden schnelle, wendige Pferde benötigt, das schwere Streitross des Mittelalters verlor damit an Bedeutung.

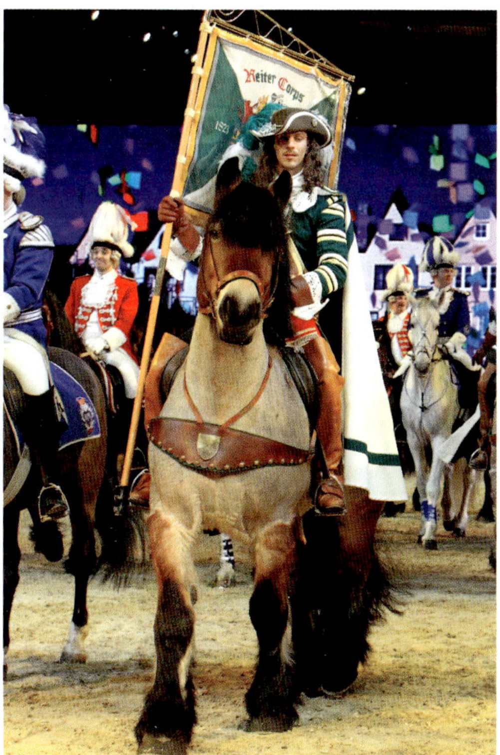

Vom Kriegsross zum Arbeitspferd

Landarbeit und Transport wurden während der Karolingerzeit (etwa von 750 bis ins 11. Jahrhundert) von Ochsen verrichtet, während Pferde dem Adel vorbehalten waren. Zu dieser Zeit betrug der Gegenwert eines Pferdes fünf bis zehn Ochsen. Noch im 15. Jahrhundert hätte ein Bauer sechs Jahre arbeiten müssen, um sich ein gutes Pferd leisten zu können. Die Zucht und die Verwendung von Arbeitspferden waren nicht nur aus Kostengründen das Privileg reicher Gutsherren, es ist auch untrennbar mit der Entwicklung von Geschirren und landwirtschaftlichen Geräten verbunden. Das Joch auf dem Nacken der Zugtiere wurde für Rinder erfunden, da deren Rücken und Hals eine gerade Linie bilden. Für die spezielle Anatomie eines Pferdes wurde das Kummet (auch: Kumt oder Kummt) erfunden. Es verteilt den Druck auf Brustkorb und Schultern des Tieres und nutzt deren Zugkraft besser aus. Diese Erfindung hatte zur Folge, dass sich viele Abläufe in der Landwirtschaft veränderten. Der Ochse wurde zwar nicht völlig verdrängt, aber auf den meisten Feldern durch das Pferd ersetzt, dessen Leistungsfähigkeit bis zu 50 Prozent höher war als die von Zugochsen. Der ab dem 9./10. Jahrhundert übliche Beschlag mit Hufeisen trug ebenfalls

Über viele Jahrhunderte hinweg war die Pferdezucht und -nutzung dem Adel vorbehalten – ein Bauer konnte sich für die Landarbeit bestenfalls einen Ochsen leisten.

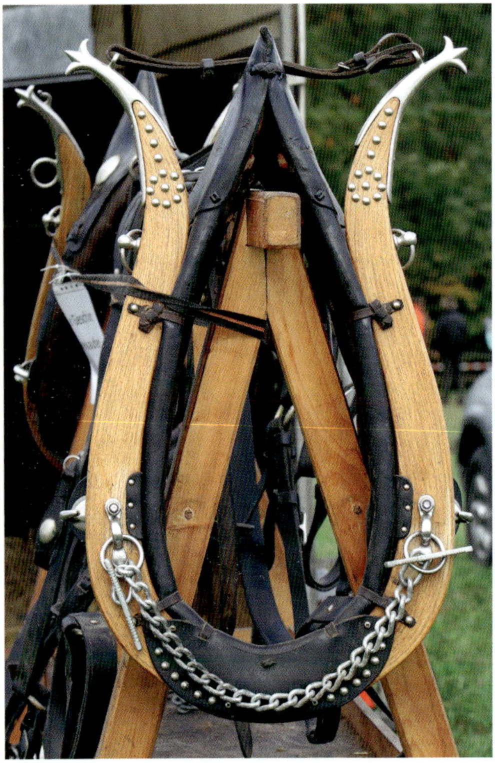

Das Kummet, das auf die Anatomie des Pferdes angepasst ist, veränderte viele Abläufe in der Landwirtschaft.

zu einer wesentlichen Beschleunigung der landwirtschaftlichen Arbeit mit Pferden bei.

Die Entwicklung des Kaltblutpferdes

Eine Förderung der Landeszucht fand beispielsweise in Bayern im 16. Jahrhundert statt, allerdings gab die Typausrichtung der Vatertiere der Hof vor. Durch Einkreuzung von arabischem und andalusischem Blut wurde der Versuch unternommen, brauchbare Pferde für das Militär zu züchten. Nachdem der Bedarf an geeigneten Pferden nicht gedeckt werden konnte, entstanden die sogenannten Hofgestüte. Das Idealbild des damaligen Pferdes war ein wohlgebauter, großer Karossier mit starkem Rücken, breiter Kruppe, gutem, eindrucksvollem Gang und hoch aufgesetztem Hals mit Ramskopf. Der Bedarf der Bauern nach schweren Pferden im Kaltbluttyp wurde damit nicht gedeckt. Erst die Entwicklung schwerer Landmaschinen und wellengetriebener Arbeitsgeräte unterstützte die Zucht von schweren Arbeitspferden. Schwaiganger wurde zum Stammgestüt der Kaltblutzucht in Bayern. In der Folge wurden schwere Hengste aus dem Norden (Belgier, Clydesdale, Norfolk, Normänner, Cleveländer) als auch Pinzgauer aus Österreich gekauft. Doch die Einkreuzung von nordeuropäischen Kaltblutrassen brachte nicht den gewünschten Erfolg: »Die Scholle prägt das Pferd«, hieß es damals wie heute. Um 1900 wurde verstärkt mit Pinzgauer Hengsten gezüchtet, seit 1948 gibt es die Bezeichnung »Süddeutsches Kaltblut«.

Der Norden machte eine ähnliche Entwicklung in der Landwirtschaft durch, allerdings setzte man dort ganz auf den Erfolg von belgischen Kaltblutpferden. 1892 wurde das Rheinische Pferdestammbuch aus der Taufe gehoben, wobei die Zucht eines schweren Arbeitspferdes eben auf diese belgischen Blutlinien basierte. Wichtigste Aufgabe des neuen Verbandes war die Einrichtung und korrekte Führung eines Stutbuches, elementare Voraussetzung für effektive Zuchtarbeit. Interessanterweise wurden auch hier schwere

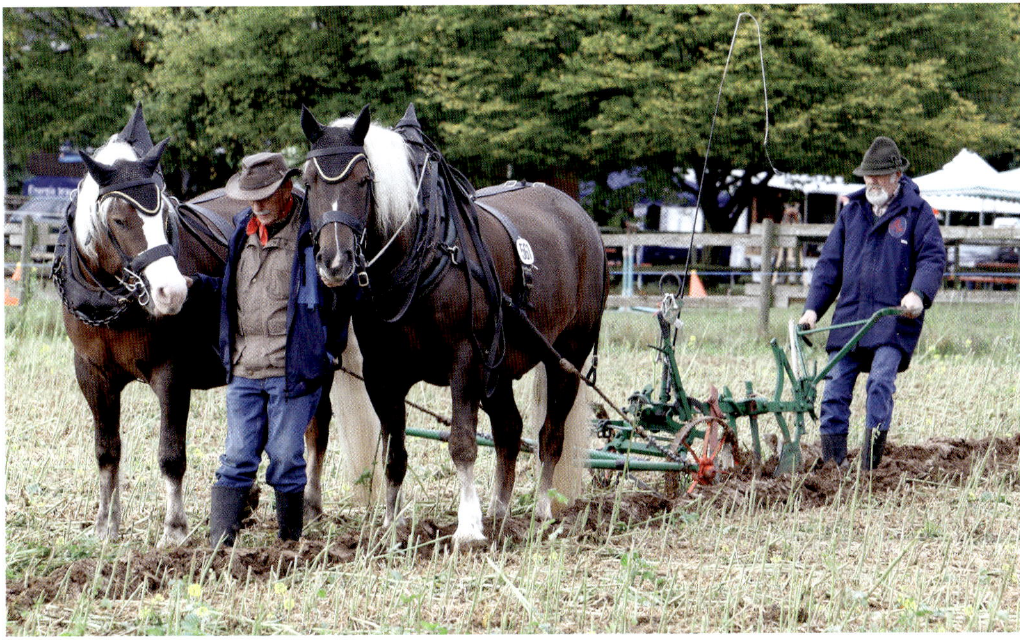

Die Entwicklung verschiedener landwirtschaftlicher Geräte unterstützte die Zucht schwerer Pferde – auf Fuhrmannstagen wie hier in Pliezhausen (Baden-Württemberg) wird das in Erinnerung gerufen.

englische Hengste eingekreuzt, die »englische Periode« endete allerdings mit dem Ausscheiden des letzten Shire-Hengstes im Jahr 1919.

Vom »Hafermotor« zum Traktor

Das goldene Zeitalter der kaltblütigen Arbeitspferde währte in Europa etwa sieben Jahrzehnte (1880 bis 1950). Vor dem ersten Weltkrieg existierten kaum LKWs, mit landwirtschaftlichen Zugmaschinen wurde allenfalls experimentiert. Während der Weimarer Republik stieg zwar die Anzahl der LKWs allmählich, die nach wie vor schwierige wirtschaftliche Lage der Landwirtschaft verhinderte die Verdrängung des Arbeitspferdes durch den Traktor. Auch noch nach dem Zweiten Weltkrieg wurden Arbeitspferde gebraucht. Mit der Währungsreform 1948, der Gründung der Bundesrepublik und dem rasch einsetzenden »Wirtschaftswunder« ging das Zeitalter der Zug- und Arbeitspferde zu Ende. Nach und nach wurden sie von einer neuen Technik verdrängt – der Traktor ersetzte den »Hafermotor«.

Kaltblüter heute

Um 1970 hatten die Bestandszahlen in der Bundesrepublik ein absolutes Tief erreicht. Nur der Passion einiger hartnäckiger Züchter und Nutzer ist das Überleben der westdeutschen Population zu verdanken. Ab 1980 stiegen die Bestandszah-

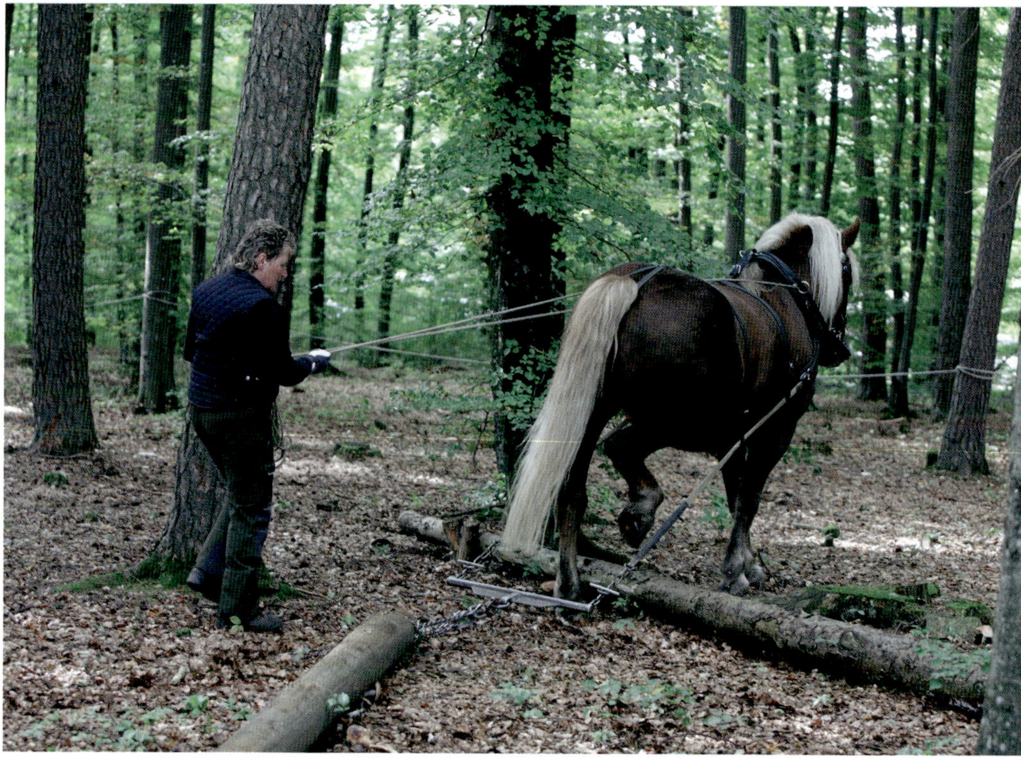

Das Holzrücken mit Pferd ist die schonendste Art der Waldarbeit, leider wird es immer eine Nische im Betätigungsfeld für Kaltblüter bleiben.

len im rheinischen Zuchtgebiet bei gleichzeitiger Qualitätsverbesserung spürbar an. Bayern verzeichnete ebenfalls ab 1978 einen langsamen Aufschwung. Das Holzrücken mit Pferd wird als die schonendste Form der Waldarbeit erkannt und dementsprechend gefördert. Mit der zunehmenden Zahl der Freizeitreiter und -fahrer ergeben sich für die Zuchtverbände neue Märkte. Das klassische Arbeitspferd ist Vergangenheit, im Idealfall haben Kaltblüter vielseitige Aufgaben: Arbeitspferd in Forst- und Landwirtschaft und vor dem Planwagen; Freizeitpferd im Geschirr und unter dem Sattel; Pferde in Traditionswettbewerben, zum Beispiel Fahrsport inklusive Distanzfahren, Pflüge- und Holzrückwettbewerbe, und zwar auf nationaler und internationaler Ebene. Es gibt Pferde, die in all diesen Bereichen erfolgreich eingesetzt werden können. Diese »Vielseitigkeits«-Pferde entsprechen nicht mehr dem klassischen Kaltblutpferd vergangener Zeiten. Sie sind zum Teil leichter und eleganter als die typischen »Brauerei-Gäule«, was sich vor allen Dingen in den Gangqualitäten bemerkbar macht. Aber trotz aller modernen Überlegungen muss eines gelten:

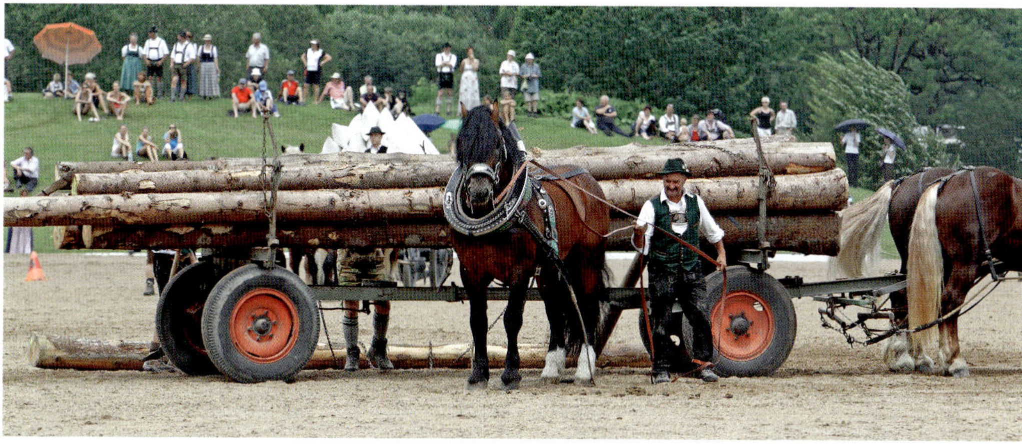

Auf dem Kaltblut-Festival in Schwaiganger (Bayern) wurde gezeigt, wie man mittels Pferdestärke einen Langholzstamm auf den Wagen bekommt.

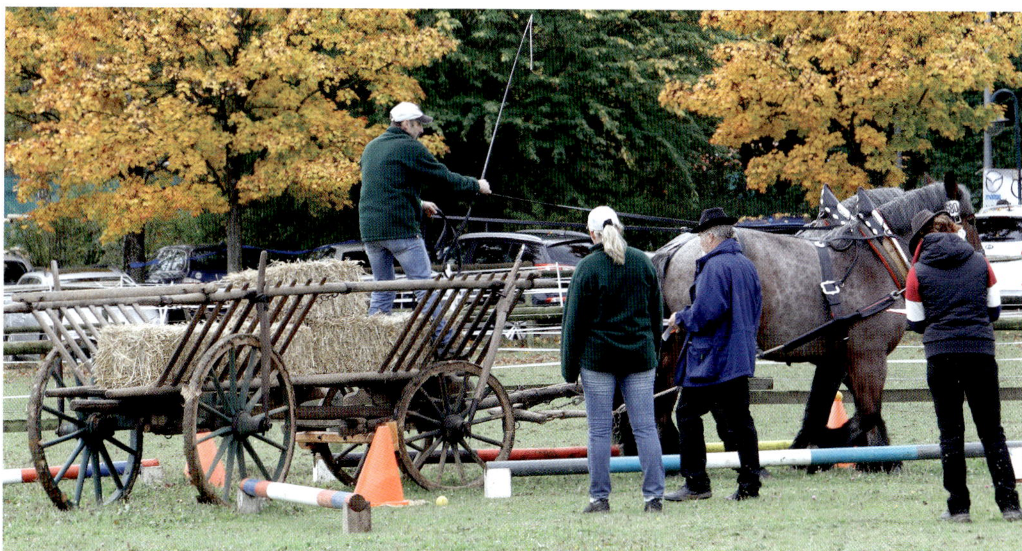

Eine kleine Gruppe ambitionierter Kaltblutzüchter misst sich in diversen Wettbewerben wie hier im Hindernisparcours.

Der Kaltbluttyp muss gewahrt bleiben sowohl im Exterieur als auch im Interieur. Selbst der hippologische Laie muss unbedingt erkennen können: Das ist ein Kaltblutpferd!

(Quellen: Archiv Bayerisches Haupt- und Landgestüt Schwaiganger; Rassegeschichte »Rheinisch-Deutsches Kaltblut« von Dr. R. Scharnhölz)

Kaltbluttypen / Kaltblutrassen

In diesem Buch können wir aus Platzgründen keine einzelnen Rasseporträts aufführen.
Als Kaltblüter werden allgemein die Pferderassen bezeichnet, die sich durch ein hohes Körpergewicht und ein ruhiges Temperament auszeichnen. Die Bezeichnung hat nichts mit der Körpertemperatur zu tun, diese liegt bei allen Pferden, egal ob klein oder groß, leicht oder schwer, im Bereich von durchschnittlich 38 Grad Celsius. Weltweit soll es etwa 36 Kaltblutrassen geben. Das englische Shire Horse oder das französische Percheron, die ein Stockmaß von bis zu zwei Metern erreichen können, zählen sicherlich zu den größten Pferden überhaupt. Auf der anderen Seite der Skala stehen Rassen, die durch ihre äußere Erscheinung eher an der Grenze zu einem Warmblut stehen wie der Freiberger oder das Finnpferd. Dazwischen gibt es sowohl von der Widerristhöhe als auch vom Gewicht her eine Menge Variationen. Das Friesenpferd hingegen, das durchaus kaltbluttypische Merkmale wie die kräftige Erscheinung und den Kötenbehang aufweist, wird vom Zuchtverband nicht als Kaltblutrasse aufgeführt.

Große bzw. schwere Kaltblüter

Imposante Vertreter dieser Kategorie sind das bereits genannte Shire Horse und das Clydesdale. Aus Frankreich kommen Auxois, Bretone, Boulon-

Shire Horses gibt es in verschiedenen Farbvariationen – am bekanntesten sind die Rappen mit dem üppigen weißen Behang an den Füßen.

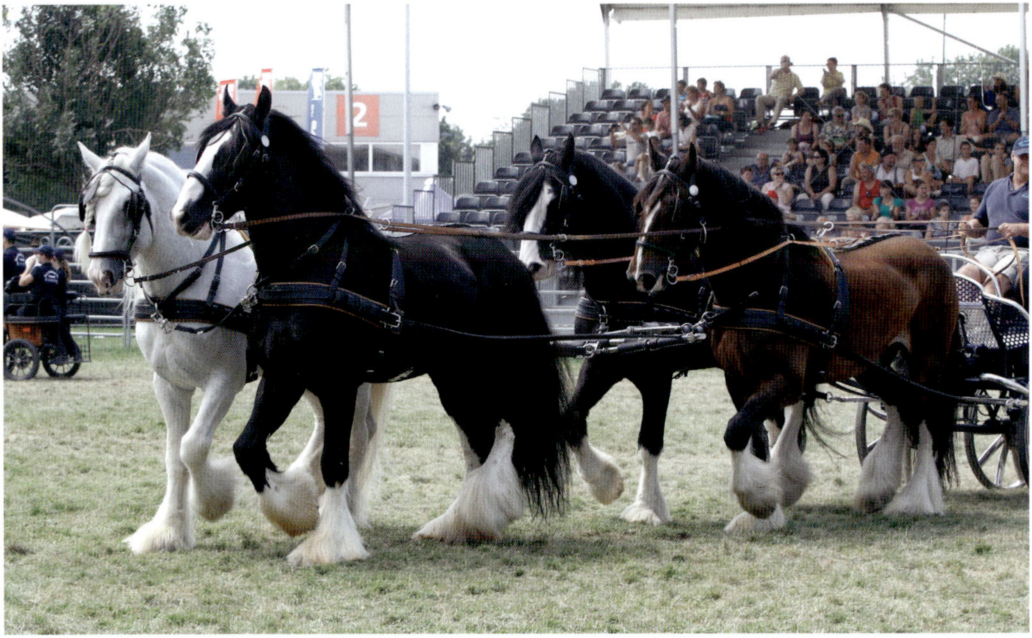

nais, Comtois und Percheron. Das kleine Nachbarland Belgien liefert mit dem Ardenner und dem Brabanter zwei sehr alte Rassen, die viel Einfluss auf die hiesige Kaltblutzucht hatten. Deutsche Zuchtgebiete bemühen sich seit Jahrzehnten, dass alte Rassen – die zum Teil vom Aussterben bedroht sind – erhalten bleiben. Der Jütländer aus Dänemark kann ebenfalls auf eine lange und wechselvolle Geschichte zurückblicken, in der – je nach Zeitgeist – mit anderen europäischen Rassen entweder mehr Gang oder mehr Masse eingekreuzt wurde. Nicht alle Pferde aus dieser Kategorie sind als Reitpferde geeignet.

Mittelschwere Kaltblüter

Als mittelschwere Kaltblüter bezeichnet man all jene Kaltblüter, die mit einem Stockmaß zwischen ca. 1,50 m und 1,65 m sowie einem Gewicht von etwa 600/700 kg nicht ganz so imposant daherkommen. Allerdings ist die Grenze nicht einfach abzustecken, da in einigen Rassen sowohl große, schwere als auch kleinere, kompaktere Exemplare vorkommen. Typische Beispiele wären der Noriker oder das Süddeutsche Kaltblut, die zwischen 1,52 und 1,75 m aufweisen. Vorzugsweise wird der Noriker heute in der Größe um 1,60 m gezüchtet, ebenso gelten der Schwarzwälder Fuchs und der Pfalz-Ardenner als sogenanntes »mittelschweres Kaltblut«.

Das Süddeutsche Kaltblut hat das größte Zuchtpotenzial in Deutschland – beliebt sind die Füchse mit hellem Langhaar wie diese Stuten mit ihrem Nachwuchs; es gibt sie aber auch in anderen Farbschlägen.

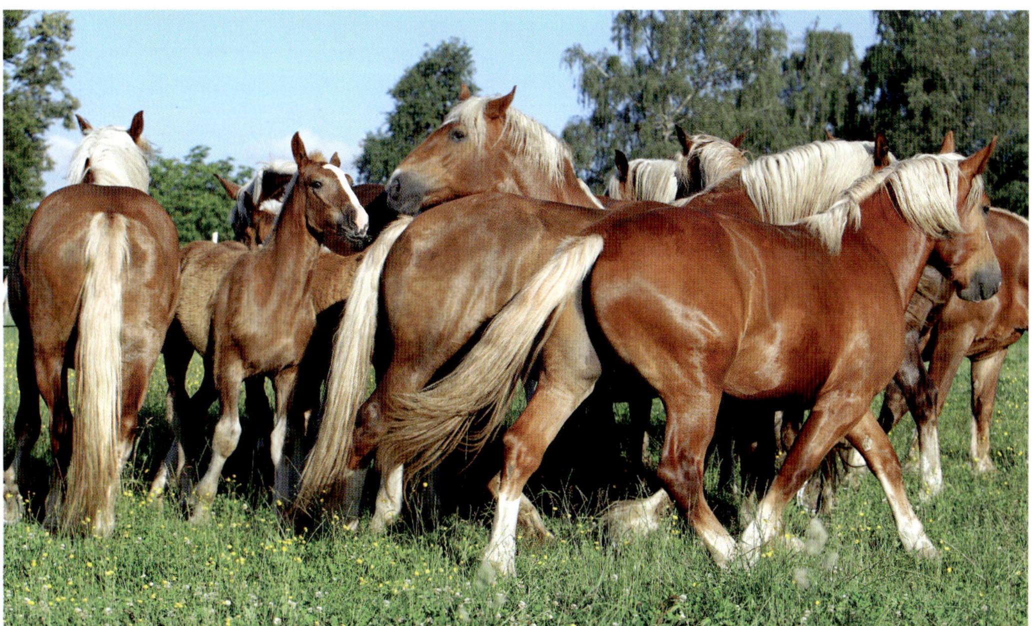

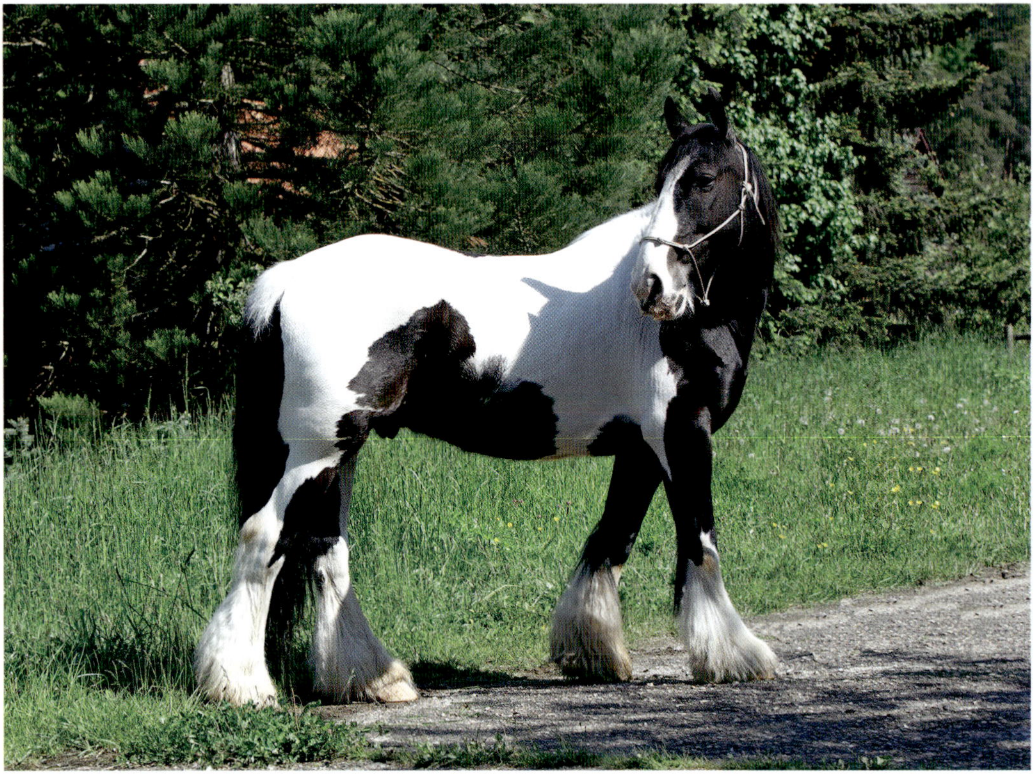

Der Irish Tinker weist viele typische Kaltblutmerkmale auf, sein umgängliches und ruhiges Wesen machen ihn zu einem idealen Freizeitpferd.

Weitere Rassen im Kaltbluttyp

In dieser Kategorie kann man eine ganze Reihe von Rassen zusammenfassen, die zwar gewisse Kaltblutmerkmale aufweisen, jedoch mehr an der Grenze zum schweren Warmblut oder zu kräftigen Ponyrassen stehen. Man denke nur an die Haflinger oder an das Fjord-Pferd – zwei Rassen, die einerseits schon länger in einem modernen Reitpferdetyp gezüchtet werden, andererseits finden sich nach wie vor Pferde in einem schweren Typus.

Eine interessante Variante ist der Freiberger aus der Schweiz. Er wird zwar als Kaltblutrasse aufgeführt, doch auch er erinnert in seinem modernen Erscheinungsbild kaum noch an ein typisches Kaltblutpferd.

Eines haben all diese Rassen gemeinsam: Sie kommen aus einer Zeit, wo der Mensch ein vielseitiges Gebrauchspferd benötigte. Heutzutage sind es diese hervorragenden Eigenschaften, die sie zu einem begehrten Partner im Freizeit-, Therapie- oder traditionellem Arbeitsbereich macht.

Eignung als Reitpferd

Die Frage, welches Kaltblut sich als Reitpferd eignet, lässt sich in erster Linie durch die Betrachtung des Exterieurs und der Gangqualität beantworten – dazu mehr in den folgenden Kapiteln.

Damit wird schnell klar, dass diejenigen Rassen nicht oder nur sehr bedingt in Frage kommen, die mit einem hohen Eigengewicht, entsprechend breitem Rücken und vorwiegend als Schrittpferd gezüchtet werden, wie beispielsweise das Rheinisch-Westfälische Kaltblut.

Der Schwarzwälder Fuchs ist dank seines unkomplizierten Charakters und seiner angenehmen Größe ein beliebter Freizeitpartner geworden.

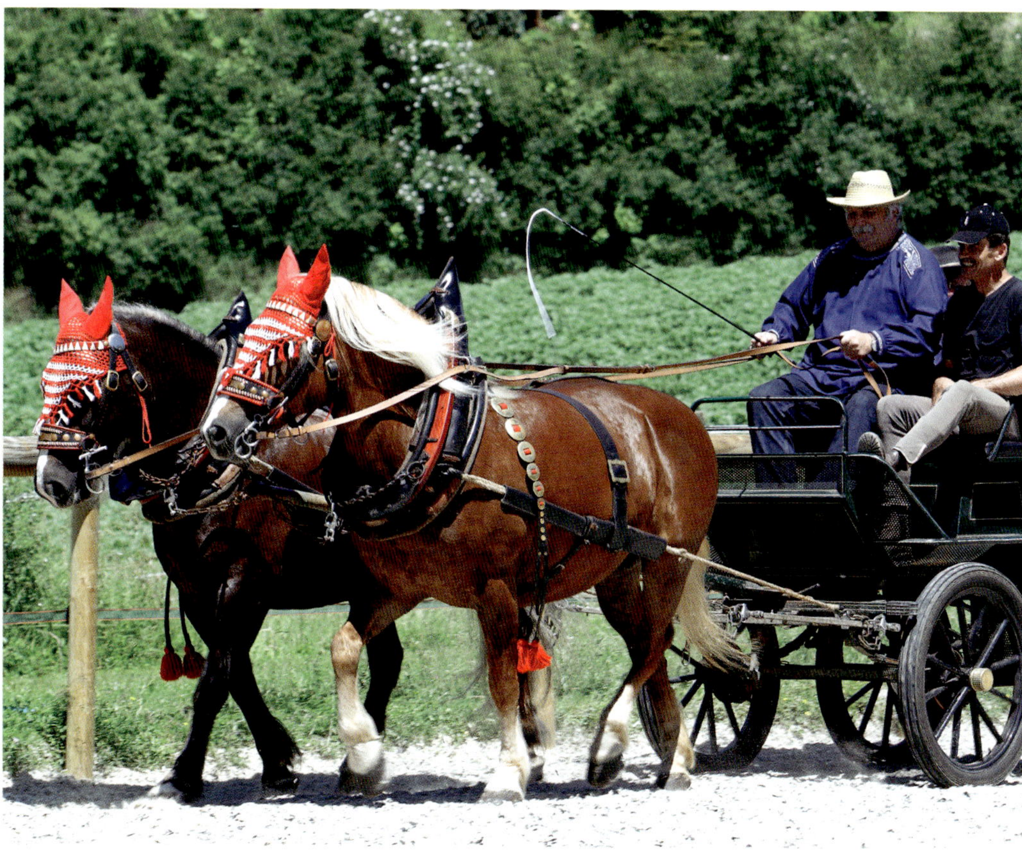

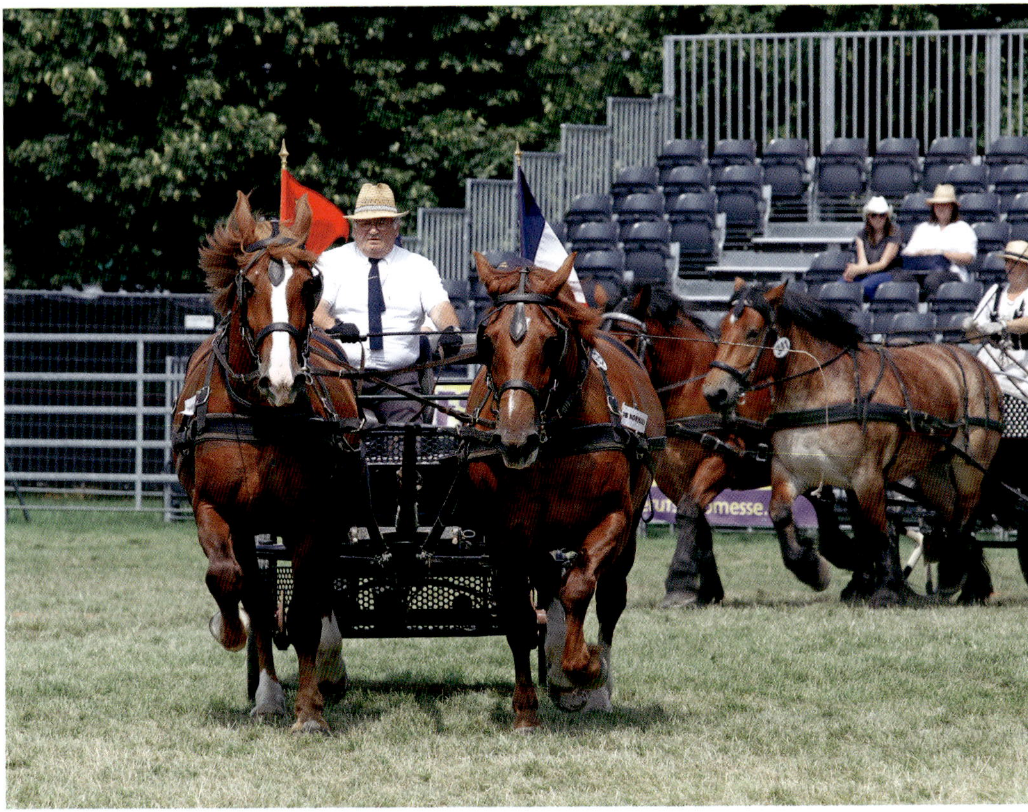

Der Cob Normand aus Frankreich wird sowohl in einem leichteren Wagenschlag als auch im schweren Arbeitstyp gezüchtet.

Die Geschichte von Ronja, einer 5-jährigen Freibergerstute

Rückwärts durch die Hütchen! Das hat Ronja heute zum ersten Mal gemacht, die Flatterbänder hängen seit einem halben Jahr mal wieder. Seit ca. 1,5 Jahren arbeitet Petra mit meiner Stute und mir zusammen. Ich habe Ronja vor knapp zwei Jahren in der Schweiz gekauft – mit Ronja und mir kam zusammen, was (eigentlich) nicht zusammengehört: Ein unerfahrener ängstlicher Reiter und ein unerfahrenes, aber Gott sei Dank sehr mutiges Pferd. Schon wenige Monate nach dem Kauf war ich am Ende mit meinem Latein. Ronja merkte schnell, dass sie mit mir machen konnte, was sie wollte, und ich traute mich kaum noch, sie zur Halle zu führen. Also alles auf Anfang. Mit Petra lernte Ronja, sich ordentlich zu benehmen und auf den Menschen zu hören. Ich lernte, mich zu behaupten. Im Frühjahr

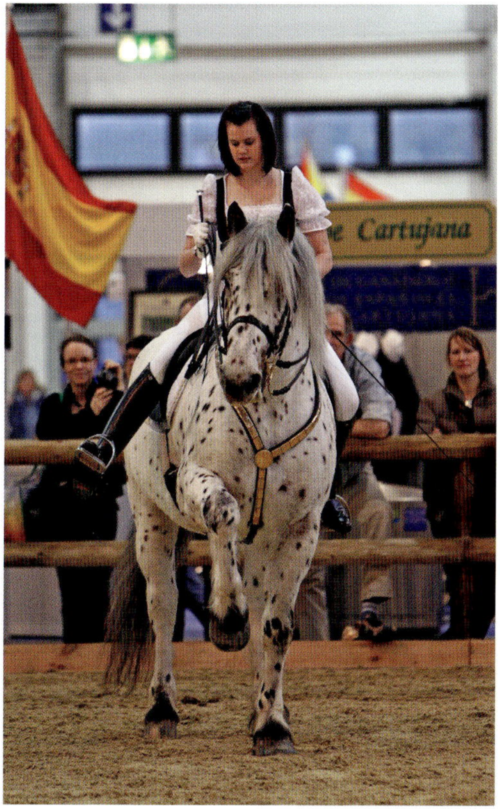

Der Noriker aus Österreich hat sich auch als Freizeit- und Sportpferd durchgesetzt. Der Tigerschecke »Gustav« aus dem Stall Hellmayr ist bereits ein bekannter »Showstar«.

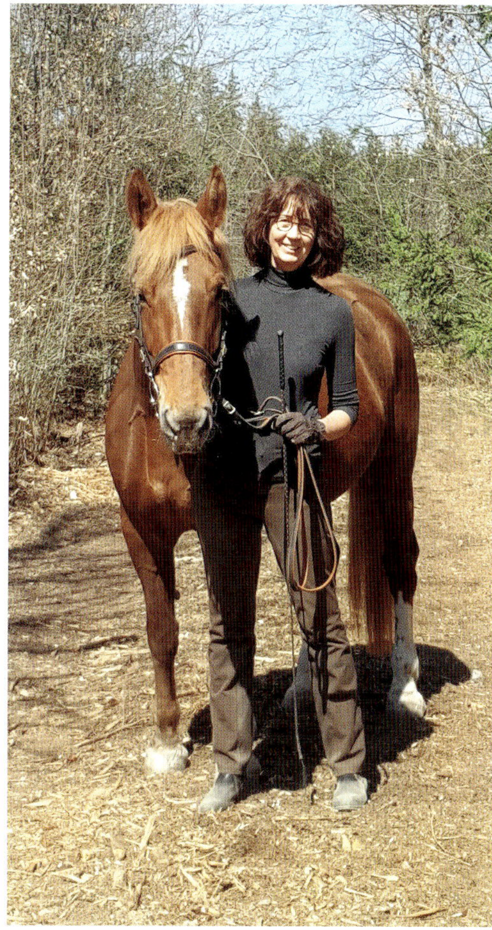

Ronja und ihre Besitzerin

2019 kam sie dann für zwei Monate zu Petra in den Beritt. Ab da wurde alles wunderbar. Seit sie wieder bei mir ist, arbeitet Petra wöchentlich zweimal mit ihr und ich bin mittlerweile soweit, dass ich aufsteigen kann. Und das ist nicht selbstverständlich, denn zwischendurch standen mir meine Ängste doch sehr im Weg. Das wirklich Fantastische an Petra ist – und damit unterscheidet sie sich von allen Trainern und Reitlehrern, die ich bisher kennengelernt habe –, dass sie sowohl Pferd als auch Mensch genau da abholt, wo sie gerade stehen. Genau da. Das Pferd wird niemals gezwungen und der Mensch niemals überredet. Auch zehnmal hintereinander »nur« Bodenarbeit und nicht reiten, ist okay. Ich als alter Angsthase und Bedenkenträger kann immer mit einem guten Gefühl die Stunde beenden.

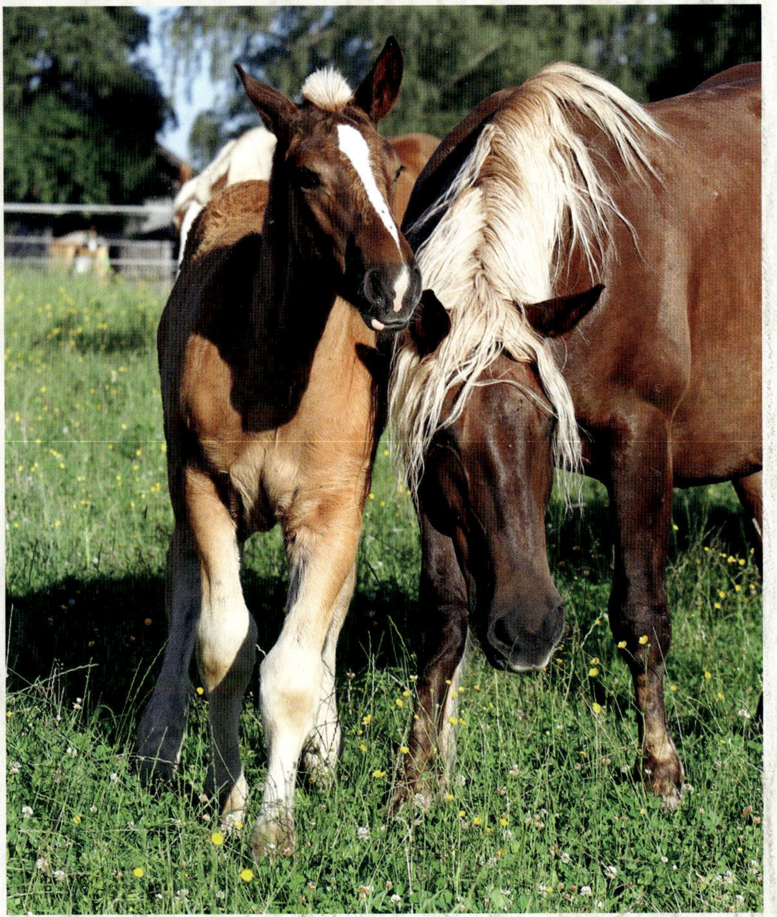

Haltung, Fütterung, Hufpflege
und vieles mehr

Die Ansprüche eines Kaltblutpferdes unterscheiden sich nicht wesentlich von denen anderer Pferde – auch wenn es diesbezüglich hartnäckige Gerüchte gibt. Dazu schauen wir uns die elementaren Bedürfnisse unserer Pferde an: Es sind Herden- und Bewegungstiere, die ursprünglich in der Steppe gelebt haben. Daraus ergeben sich die Komponenten für eine pferdegerechte Haltung. Leider werden in vielen Bereichen der Pferdehaltung und -ausbildung nicht die natürlichen Anforderungen der Pferde zur Grundlage für Haltungsbedingungen gemacht, sondern die Nutzbarkeit des Pferdes durch den Menschen. Deshalb manifestieren sich häufig Überzeugungen, die zu »Gesetzen« geschrieben werden, ohne auf die Pferde zu »hören« – und das gilt auch für Kaltblüter. Die Anforderungen an Haltung, frische Luft und Bewegung teilen jedoch alle Pferderassen und diesen sollte möglichst ausreichend Rechnung getragen werden.

Kaltblüter im Offenstall

Hier gilt die einfache Regel: Je sozialer ein Pferd – egal welcher Rasse – aufgewachsen ist, desto leichter ist es, dieses in eine Gruppe zu integrieren. Ich konnte nie feststellen, dass Kaltblutpferde in dieser Haltungsform problematischer wären. Seit vielen Jahren halte ich Kaltblüter im Offenstall und es gibt nicht mehr oder weniger Probleme als mit allen anderen Rassen. Pferde sind Individuen. Es gibt in jeder Rasse empfindliche und robuste, lernwillige und sture, ranghohe und rangniedrige Tiere. Wenn ein Pferd schon als Fohlen die Regeln des Zusammenlebens in einer Herde kennengelernt hat, gibt es auch in seinem späteren Leben selten Probleme mit dieser Haltungsform.

Was bedeutet denn Offenstallhaltung?

Offenstall, Bewegungs- oder Aktivstall sind verschiedene Wörter für im Grunde ein- und das-

Zu einer pferdegerechten Haltung gehört die freie Bewegung in der Gruppe auf einer Weide dazu.

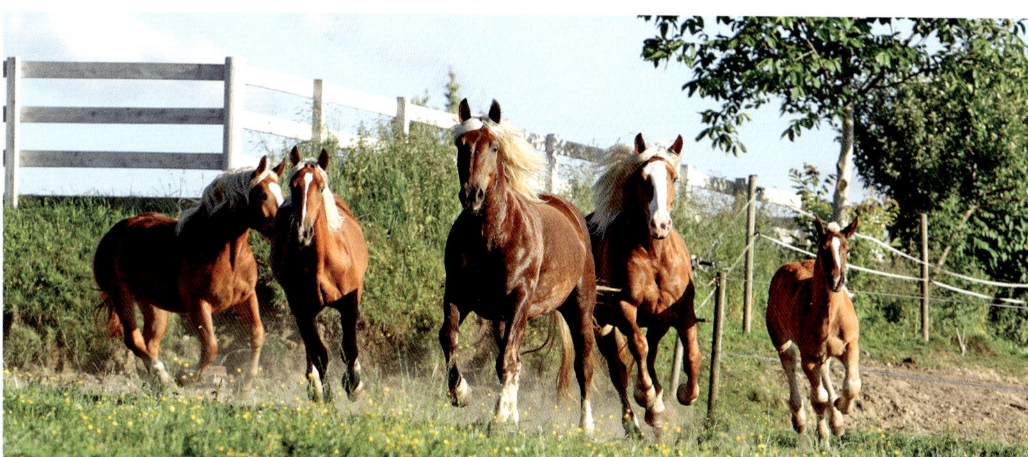

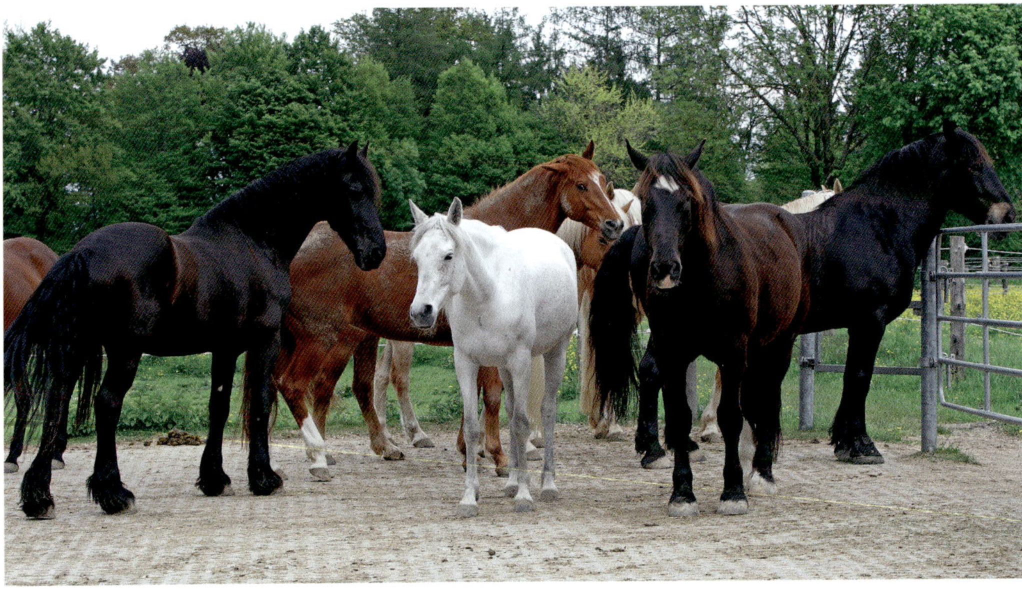

Die Haltung in einem Offenstall ist nicht von Rasse oder Nutzung abhängig, sondern davon, wie sozial ein Pferd aufgewachsen ist – und zwar vom ersten Lebensmoment an.

selbe, nämlich den Anforderungen einer Pferdehaltung gerecht zu werden, die bestmöglich auf die natürlichen Lebensansprüche der Pferde eingeht. Bei artgerechter Pferdehaltung werden die Grundbedürfnisse eines Pferdes als Herden-, Bewegungs- und Lauftier nach viel frischer Luft und Klimareizen sowie als Dauerfresser berücksichtigt. In einem Bewegungsstall leben die Pferde artgerecht in der Gruppe, können sich ständig bewegen, bekommen über den Tag verteilt kleine Futterrationen und sind an der frischen Luft. Der Grundgedanke eines Bewegungsstalles ist, dass alle von den Pferden genutzten Stellen wie Tränke, Futterstationen, Ruheräume sowie Liegeflächen getrennt voneinander sind, um so einen Bewegungsanreiz zu schaffen. Außerdem ist es sehr wichtig, den Pferden ausreichende Flächen mit Ausweichmöglichkeiten zu bieten. Dies sorgt für ein friedliches Miteinander in der Herde.
In dieses System haben sich unsere Kaltblüter immer hervorragend eingefügt.

Die Fütterung im Offenstall

Dank der enormen Entwicklung der modernen Fütterungs-Systeme ist es heute wesentlich leichter, auch den Anforderungen unterschiedlicher Pferdetypen in der Gruppenhaltung gerecht zu werden. Hier ist besonders die bedarfsgerechte Fütterung von großer Bedeutung. Auf die Ansprüche in der Fütterung unserer Kaltblutpferde komme ich später noch genauer zu sprechen.
Hier sei erwähnt, dass durch eine computergesteuerte Fütterung von Kraftfutter und Raufutter sehr individuell auf jedes Pferd eingegangen wer-

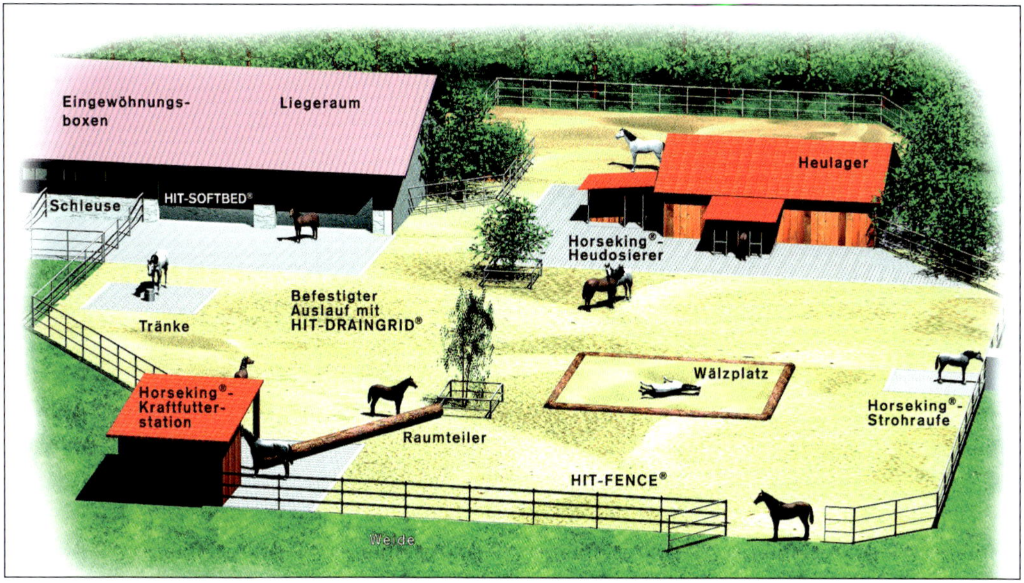

Diese Skizze verdeutlicht das Prinzip einer pferdegerechten Haltung in einem Bewegungsstall.

den kann. Die automatische Fütterung bietet enorme Vorteile gerade bei sehr unterschiedlichen Typen und Rassen innerhalb einer Herde. Die Pferde bekommen regelmäßig in kleinen Portionen ihr individuell zugeteiltes Kraft- und Mineralfutter. Auch Grundfuttergaben wie Heu können zeitlich gesteuert und begrenzt werden. Das führt wesentlich zu einem entspannten Gruppenverhalten innerhalb der Herde, da sich der Futterneid durch kürzere aber häufigere Futterzeiten erheblich verringert. Dies ist von großer Bedeutung und hat den Vorteil, dass es dem natürlichen Fressverhalten und damit dem kleinen Magen und der Verdauung des Pferdes entspricht. Eine erhöhte Kautätigkeit ergibt außerdem zufriedene Pferde, wodurch die Aggressivität ebenfalls deutlich sinkt und damit das Verletzungsrisiko minimiert wird. Zudem dienen besonders die häufigen kleinen Kraftfuttergaben als Bewegungsmotor.

Im Vergleich zu den auch von mir früher genutzten Einzelfress-Ständern ist der Vorteil der computergesteuerten Kraftfutterstation eindeutig. Die Rationen in den Einzelständern sind auf wenige Mahlzeiten beschränkt und ich musste sehr häufig beobachten, dass gerade vor den Futterzeiten erhöhte Unruhe aufkam, bis bei der Futterverteilung alle Pferde in einem Fress-Stand waren. Hier sind Auseinandersetzungen – eventuell auch mit Verletzungen – nicht selten. Bei dieser Variante sind die »Dicken« eindeutig im Vorteil, da sie so am ehesten von ihrer Körperfülle Gebrauch machen können. Daher würde ich Einzelfress-Ständer für gemischte Herden mit Kaltblütern nicht

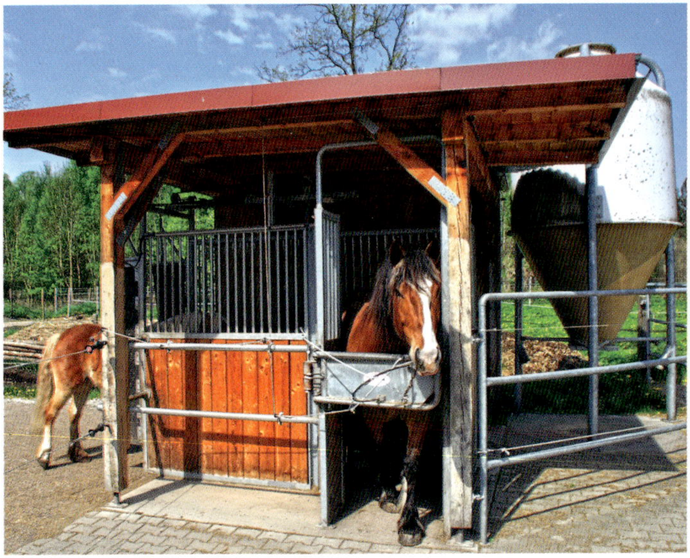

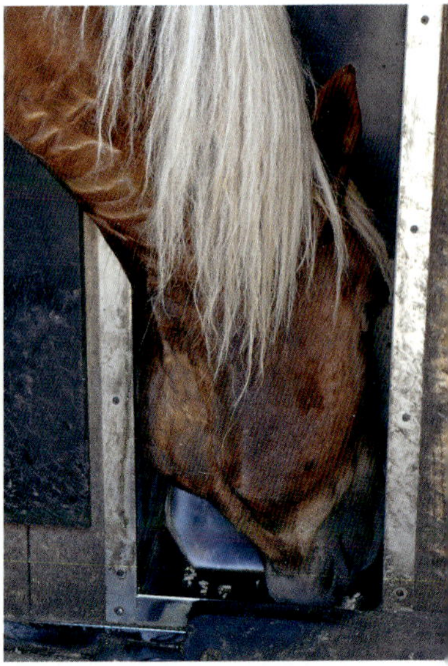

Mittels eines Transponders »weiß« der Futterautomat, wie viel und wie oft das einzelne Pferd zu fressen bekommt; eine Nachlaufsperre sorgt dafür, dass dies in Ruhe passiert.

empfehlen. Allerdings gilt auch hier wieder die Regel der Individualität, und es lässt sich nicht jeder Kaltblüter über einen »Kamm scheren«. In kleinen Betrieben bzw. Privathaltungen mit wenig Pferdewechsel und kleinen Gruppen kann es durchaus gut funktionieren. Zur Körpergröße sei noch angemerkt: Gerade die leichteren Kaltblutrassen unterscheiden sich diesbezüglich nicht besonders von großrahmigen Warmblutpferden. Die computergesteuerten Futterstationen haben Normmaße, die für alle Größen mit Ausnahme der ganz großen Rassen (z.B. Shire Horse), geeignet sind. Eine sogenannte Nachlaufsperre verhindert, dass während der Futteraufnahme ein anderes Pferd das fressende Tier aus der Station verdrängen kann.

Thema Umzäunung und weitere Mythen

Ein weiteres Thema ist die Umzäunung bei der Auslaufhaltung: Wenn ein Zaun die »normalen« Anforderungen der Pferdehaltung erfüllt (nachzulesen in den neuen Leitlinien zur Pferdehaltung 2009), habe ich noch nie festgestellt, dass damit nicht auch ein Kaltblutpferd gehalten werden kann. Ist der Stall in seiner Bauweise für Großpferde ausgelegt und das Kaltblut kommt aus einer sozialen Gruppenhaltung, ist der Offenstall ohnehin die ideale Haltungsform. Anfängliche Bedenken, dass Kaltblüter sich leichter erkälten würden oder nicht genug Ruhe beziehungsweise Futter bekommen, kann ich nicht bestätigen. Pferde aus einem Bewegungs-Offenstall sind wesentlich gesünder und ausgeglichener. Ein interessanter Nebeneffekt dieser Haltung: Durch den sozialen Herdenverband findet sehr oft eine Erziehung der Pferde untereinander statt. Das bedeutet nicht selten, dass unsichere Pferde selbstständiger und umgekehrt zu Selbstbewusste oft umgänglicher werden. Oft wurden gerade unsere »Großen und Dicken« von den Kleinen »erzogen«. Deshalb kann ich hier nur Positives über die Kombination »Kaltblut und Offenstall« berichten.

Die Boxenhaltung

Diese Haltungsform ist sowohl für Kaltblüter als auch für andere Rassen nur bedingt eine Alternative zum Bewegungsoffenstall. Meiner Meinung nach kann hier nur in wesentlich geringerem Maße auf die Grundbedürfnisse des Pferdes eingegangen werden kann. Uns ist es bewusst, dass nicht jeder Pferdehalter einen entsprechenden Stall mit einer modernen Auslaufhaltung in der Nähe hat, darum kann eine Boxenhaltung unter gewissen Voraussetzungen eine Alternative sein. Dann muss aber gewährleistet sein, dass das Pferd bei jeder Witterung und selbstverständlich in der Gruppe einen täglichen, mehrstündigen Auslauf bekommt. In diesem Zusammenhang muss man nochmals betonen, dass Kaltblüter ein ganz normales Sozial- und Bewegungsverhalten haben wie alle anderen Pferde auch. Jeder Pferdehalter sollte der Tatsache Rechnung tragen, dass sich Pferde in der Natur allein aufgrund der Futteraufnahme bis zu 16 Stunden am Tag bewegen, und zwar vorwiegend im Schritt. Daran hat auch die Domestikation des Pferdes nichts geändert. Der Bewegungsmangel kann nicht allein durch Arbeiten mit dem Pferd ersetzt werden. Ein Pferd in freier Bewegung hat eine ganz andere Motorik, als wenn das Pferd geritten oder gefahren wird. Ein Mangel an Bewegung führt auch beim Kaltblüter zu Verhaltensstörungen und Schäden am Bewegungsapparat. Nicht zu vergessen, dass die Lunge sowie der gesamte Stoffwechsel des Kaltblutpferdes bei Bewegungsmangel stark in Mitleidenschaft gezogen werden. Leider sind gerade Koliken und Hufrehe die häufigsten Krankheiten mit bleibenden Schäden oder sogar nicht selten mit Todesfolge bei Kaltblutpferden. Daran haben schlechte Haltungsbedingungen bedauerlicherweise einen großen Anteil.

Fütterung von Kaltblütern

Da es in diesem Buch in erster Linie um das Reiten von Kaltblütern gehen soll, können wir das komplexe Thema der Pferdefütterung nur streifen. Allerdings raten wir jedem Reiter und Pferde-

Paddockboxen ermöglichen zumindest frische Luft und Teilnahme an der Umwelt.

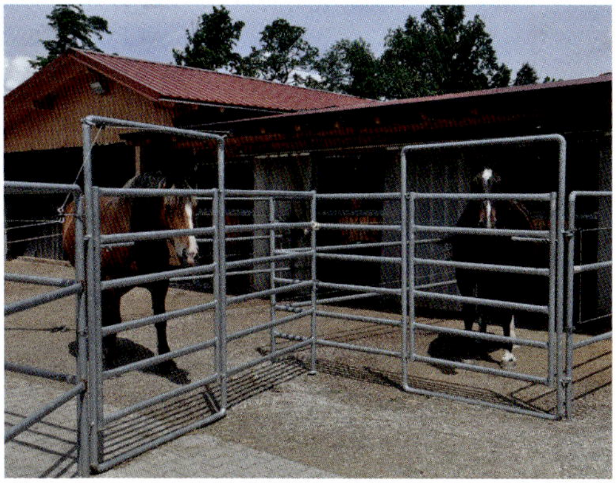

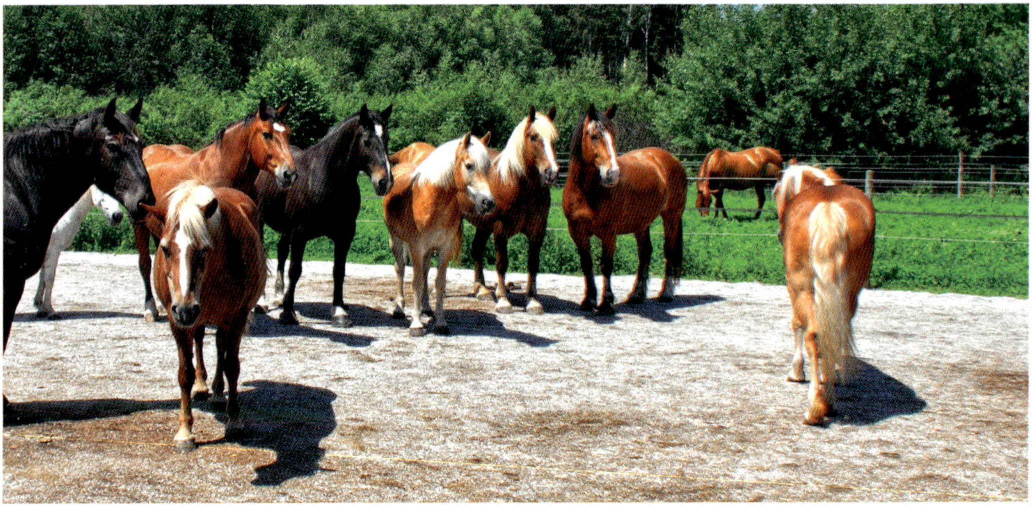

Die Umzäumung bei der Haltung von Kaltblütern sieht nicht anders aus als bei anderen Pferderassen – trotz gegenteiliger Behauptungen.

besitzer, mittels entsprechender Literatur sich auch damit auseinanderzusetzen. Wir möchten an dieser Stelle nur mit ein paar Vorurteilen aufräumen: Nur weil das Pferd größer und schwerer ist, braucht es nicht mehr Kraftfutter als andere Pferde. Die Gabe von Kraftfutter in Form von Fertigmischungen bzw. Hafer, Gerste oder Mais ist immer abhängig von der zu leistenden Arbeit, wobei ein normaler Ausritt nicht dazu zählt. Gras ist in der Weidezeit die Hauptnahrung eines Pferdes. Um gesundheitlichen Problemen vorzubeugen, empfiehlt es sich jedoch, nur stundenweise das freie Grasen anzubieten. Für ein leicht arbeitendes Pferd reicht die Energiezufuhr des Grases aus. Daneben zählt (nur wirklich gutes) Heu zu den Grundfuttermitteln. Auch wenn unsere »Dicken« voluminöser erscheinen, es heißt nicht: »Was viel wiegt, frisst auch viel.« Natürlich benötigt ein Kaltblut im Vergleich zu einem Haflinger mehr Grundfutter, sprich Heu und Stroh. Keinesfalls steigt die Ration aber ums Doppelte, auch wenn das Pferd das Doppelte an Gewicht auf die Waage bringt.

Grundregeln zur Fütterung

Bei artgerechter Haltung und Fütterung ist es zum einen wichtig, die Pferde mit den notwendigen Nährstoffen zu versorgen, aber auch darauf zu achten, dass das Futter für ausreichend Beschäftigung sorgt! Heutzutage leiden unsere Pferde viel mehr unter Bewegungsmangel und Nährstoffüberversorgung, als dass sie unterversorgt wären. Zudem wird der Leistungsbedarf der Pferde in der Arbeit bzw. das Beurteilen der Arbeitsleistung sehr oft völlig falsch eingeschätzt. Unsere Kaltblüter sind von jeher als Arbeitstiere gezüchtet worden. Sie mussten möglichst genügsam sein, denn Futter war teuer. Deshalb wurden

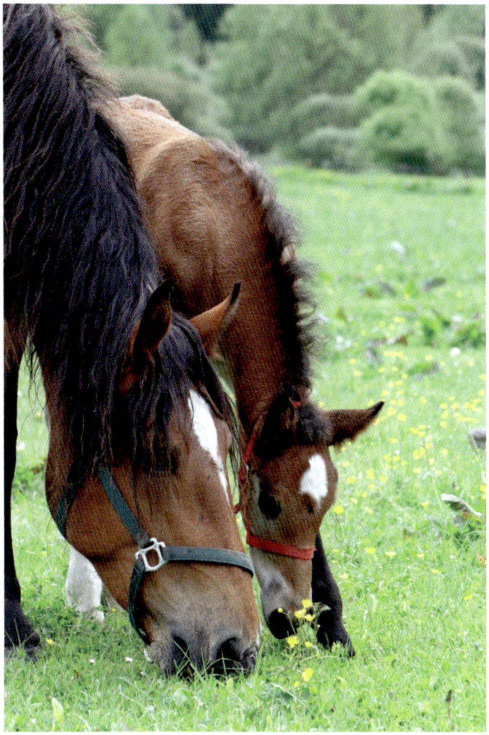

Gras zählt sicherlich zu den Grundfuttermitteln; Weidezeiten sollten unter Umständen jedoch begrenzt werden.

Formel zur Gewichtsermittlung

Gewicht in kg = Brustumfang (cm)
x Brustumfang (cm)
x Körperlänge (cm) : 11.900

Gemessen werden die Körperlänge (A) von Buggelenk bis Sitzbeinhöcker und der Brustumfang (B). Beim Messen sollte das Pferd unbedingt mit den Beinen geschlossen stehen.

sie konsequent auf Leichtfuttrigkeit gezüchtet. Dazu sollte man wissen, dass Kaltblüter zum Nordpferdetyp gezählt werden. Dieser zeichnet sich sowohl durch sein gelasseneres Wesen als auch durch ein geringeres Bewegungsbedürfnis aus, neigt aber auch eher zur Verfettung. Meist sind sie auch noch sehr »verfressen«; denn in früheren Zeiten war Futter nicht ständig verfügbar. Im Vergleich zu einem herkömmlichen Reitpferd bedeutet das, dass der Kaltblüter bei gleicher Arbeitsleistung oft mit deutlich weniger Futter auskommt.

Um den genauen Energie- und Nährstoffbedarf zu ermitteln, sollte man zuerst das Gewicht des Pferdes wissen. Ich selbst habe dazu schon Waagen von landwirtschaftlichen Genossenschaften benutzt, wie es sie in ländlichen Gegenden häufig gibt. Inzwischen kommen sogar mobile Pferdewaagen direkt in die Reitställe. Eine andere Möglichkeit zur Gewichtsermittlung zeigt die oben stehende Formel.

Futterberechnung

Nach dem Gewicht sollte eine realistische Einschätzung der Arbeit erfolgen, die das Pferd verrichtet. Eine Futterberechnung geht zunächst vom Erhaltungsbedarf aus. Dieser Begriff steht für den Bedarf, den das Pferd benötigt, um seinen Organismus, seine Lebensfunktionen und sein Körpergewicht ohne zusätzliche Leistung zu erhalten. Eine halbe Stunde im Schritt spazieren gehen und ein kleiner Trab – auch unterm Sattel oder vor einem leichten Wagen – sind durchaus noch im Erhaltungsbedarf einzustufen.

Fütterungstabelle

(bezogen auf ein Pferd mit 800 kg)

Erhaltung
verdauliche Energie: 90 MJ
verd. Rohprotein: 450 g

Leichte Arbeit
verdauliche Energie: 90–113 MJ
verd. Rohprotein: 450–565 g

Mittlere Arbeit
verdauliche Energie: 113–135 MJ
verd. Rohprotein: 565–675 g

Schwere Arbeit
verdauliche Energie: 113–135 MJ
verd. Rohprotein: 675–900 g

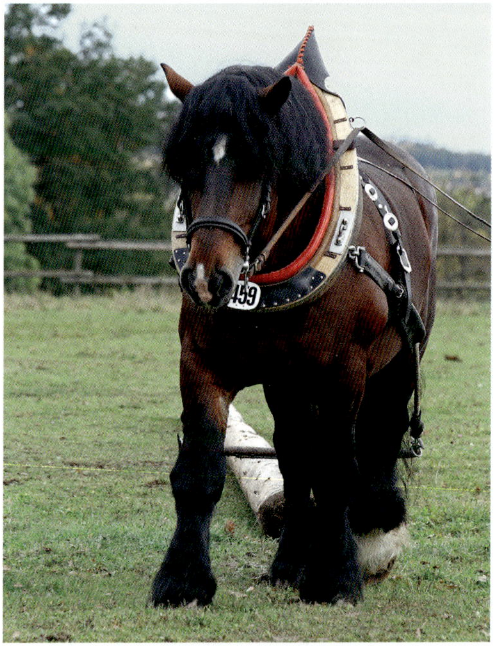

Die allerwenigsten Kaltblüter leisten so schwere Arbeit, dass entsprechende Futterrationen gegeben werden können.

Leichte Arbeit bedeutet: Ein Pferd wird etwa eine Stunde in der Reitbahn oder auch im Gelände bewegt. Dabei wird gut die Hälfte der Zeit Schritt geritten, ca. 15–20 Minuten getrabt (Arbeitstrab) und kurze Galoppeinlagen auf beiden Händen eingebaut. Oder aber 3 Stunden Schritt bei einem Ausritt mit kurzen Trababschnitten.
Mittlere Arbeit bedeutet: zum Beispiel zweimal täglich eine Stunde in der Reitbahn bzw. im Gelände in allen drei Grundgangarten mit längeren Galopp-Phasen. Oder aber eine 4-Stunden-Kutschfahrt mit bis zu 20 Personen, vorwiegend im Schritt mit einem gummibereiften Wagen auf ebenem Gelände (Teerstraße).

Schwere Arbeit bedeutet: mehrstündige Arbeit, wie zum Beispiel bei Vielseitigkeitspferden und Distanzpferden, Kutschpferden im Tourismusbetrieb oder auch Zugpferden bei ca. 4 Stunden Waldarbeit mit schweren Zug.

Mit Hufeisen oder barhuf

Zum Thema rund um den Huf eines Kaltblüters möchte ich die Huforthopädin Irmgard Neumair zu Wort kommen lassen. Sie betreut seit etwa drei Jahren meine Pferde und sie wurden (oder werden) alle auf barhuf umgestellt. Der Kaltblutwallach Rokko ist mit den Vorderhufen noch in der Umstellungsphase, die Hinterhufe sind schon immer barhuf gewesen. Er läuft derzeit vorne teils barhuf, teils mit sogenannten Kranken-Hufschuhen, um in der Umstellungszeit einer Huflederhautreizung vorzubeugen. Der zweite Kaltblut-Wallach Ronny lief schon immer barhuf. Fürs Gelände – zum Reiten und Fahren – bekommen die Pferde je nach Bedarf Hufschuhe. Trotzdem haben ich und die Huforthopädin guten Kontakt zu einem Hufschmied, der im Bedarfsfall mit Plastikbeschlag bzw. »normalen« Hufeisen die Pferde versorgt.

Die Hufe der Kaltblutrassen

Sehr wichtig für die Nutzung eines jeden Pferdes ist die Voraussetzung, dass es »gute« Hufe hat, so auch die eines Kaltblutpferdes. Was sind aber gute und was sind schlechte Hufe Die Hufe eines Pferdes zu beurteilen, ist für einen Laien nicht einfach. Vor dem Kauf eines Pferdes sollten Sie einen qualifizierten, d.h. ausgebildeten Hufbearbeiter, Hufschmied oder einen Tierarzt zu Rate ziehen. Den richtigen Fachmann zu finden, ist leider auch nicht immer ganz leicht, da es verschiedene Lehrmeinungen in diesem Bereich gibt. Daher zählen wir hier einige grundlegende Fakten auf, mit denen Sie sich ein Bild machen können, auf was Wert bei der Hufbeurteilung gelegt wird:

Hufhornqualität: Brüchige Hufe können genetische Ursachen haben, das heißt, dass es sehr schwierig oder fast nicht möglich ist, durch Hufbearbeitung aller Art die Hufhornqualität so zu verbessern, dass das Pferd uneingeschränkt als Reit- oder Fahrpferd genutzt werden kann. Auch führt ein nicht korrektes Fundament mit Stellungsfehlern zur einseitigen Belastung der Hornkapsel und dort zu vermehrtem Tragrandausbruch. Die Fütterung und vor allem die Haltung des Pferdes spielen eine wichtige Rolle.
Allerdings kann man auf dem ersten Blick nicht unterscheiden, ob die Hornqualität genetisch, haltungsbedingt oder durch falsche oder vernachlässigte Hufbearbeitung entstanden ist. Aus meiner Erfahrung als Huforthopädin DHG sind die Bearbeitungsfehler einer der häufigsten Ursachen für Hufprobleme, die die Nutzung des Pferdes in Frage stellen.

Hufgröße und Hufform: Der Huf soll zur Körpergröße des Pferdes passen. Oftmals wird in der Pferdezucht zu wenig auf die Hufbeschaffenheit geachtet. Dabei wird vergessen, dass die Hufgröße ja die Größe des Hufbeines spiegelt, da die Hornschale das Hufbein umkleidet. Das gesamte Gewicht des Pferdes kommt dort an. Ist der Huf zu klein, sind die ganzen Strukturen am und im Huf statisch überbelastet. Vor allem bei den kaltblütigen Pferden kommt noch die Neigung zum Übergewicht dazu.
Wichtig zur Beurteilung der Hufgröße ist die Hufform. Ein flacher Huf, dessen Wände durch falsche Hufbearbeitung zu lang geworden sind und seitlich weghebeln, wirkt häufig von der Größe passend, ist es aber nicht. Gerade diese Hufform stellt ein größeres Problem dar als der kleiner wirkende, mit steileren Wänden ausgestattete Huf. Die flachere Hufform ist sowohl für einen Barhuf als auch für den beschlagenen Huf nicht so vorteilhaft. Aber nicht immer muss ein flacher Huf nur von Nachteil sein, da es – wie schon

oben erwähnt – sehr viel auf die vorhandene Hufsituation angepasste Hufbearbeitung ankommt.

Kann ein Kaltblutpferd ohne Beschlag laufen?

Ob ein Pferd barhuf genutzt werden kann, hängt mit den schon oben genannten Faktoren zusammen. Grundsätzlich ist es für die Gesundheit der Pferdegliedmaßen besser ohne Hufbeschlag, da besonders durch den starren Eisenbeschlag die Hufmechanik ausgeschaltet wird. Die Hufmechanik, die nicht nur im Trachtenbereich stattfindet, sondern in der gesamten Hornkapsel Bewegungen zulässt, ist ein zusätzlicher Puffer für die gesamten Strukturen am Pferdebein bis hin zum gesamten Körper. Ich rate jedem Pferdebesitzer, sich mit der Anatomie des Pferdes und mit dem komplexen Thema Hufe auseinanderzusetzen, um die Arbeit seines Hufschmiedes oder -pflegers besser zu verstehen.

Ein weiterer wichtiger Faktor ist die Nutzung eines Pferdes: Was soll es leisten? Wie »hufabriebintensiv« ist die Nutzung des Tieres? Auf welchen Böden muss das Pferd laufen? Reiten oder Gespann fahren, jeden Tag oder nur einmal die Woche? Alles dies sind Faktoren, die mitentscheidend sind. Aus ihrer Erfahrung als Huforthopädin DHG weiß Irmgard Neumair, dass durch richtige Hufbearbeitung und Hufpflege in Verbindung mit dem geschickten und einfühlsamen Pferdebesitzer viele Pferde barhuf laufen könnten. Regelmäßige Bewegung des Pferdes beeinflusst die Hufsituation entscheidend. Hat das Pferd mehr

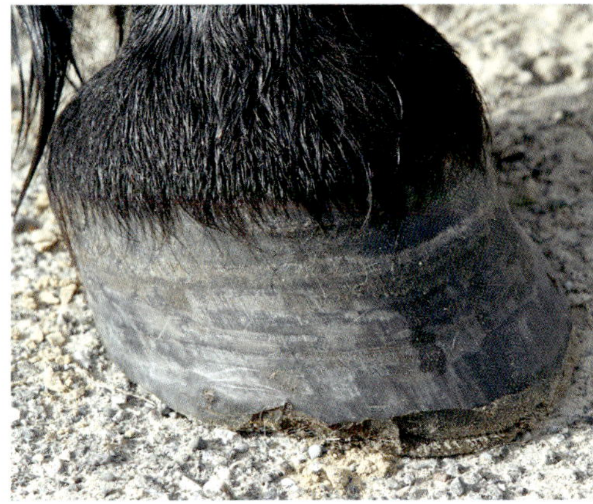

Bei brüchigen Hufen muss der Besitzer die Ursache herausfinden und entsprechend reagieren. Bei richtiger Behandlung – innen wie außen – können Kaltblüter durchaus barhuf laufen.

Abrieb am Tragrand als dieser nachwächst, so muss ein Hufschutz auf abriebintensiven Böden angebracht werden, um einer Huflederhautentzündung entgegenzuwirken.

Barhuf um jeden Preis ist nicht angebracht!

Aber es müssen nicht immer Hufeisen sein. Kunststoffbeschläge sind dem Hornmaterial ähnlich, sofern es sich um elastisches Material handelt. Diese müssen jedoch je nach Hufform alle drei bis vier Wochen umbeschlagen werden. Eine gute Alternative für den Freizeitreiter und auch Fahrer ist das Anbringen von Hufschuhen. In den letzten Jahren hat sich das Sortiment der Hufschuhanbieter sehr erweitert. Leider gibt es in den großen Hufgrößen nicht die Auswahl wie bei den kleineren, aber inzwischen findet man schon einen passenden Hufschuh in XXL. Der Vorteil am Hufschuh ist, dass er nur bei Nutzung des Pferdes angebracht wird. Bei der Anpassung der Huf-

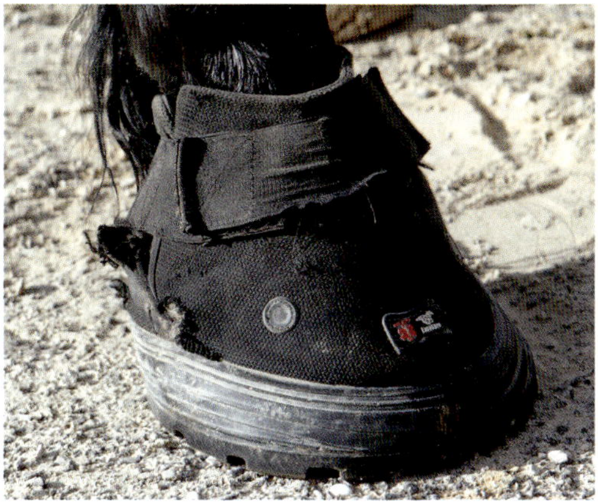

Hufschuhe gibt es mittlerweile auch im XXL-Format. Dieser »Krankenhufschuh« schützt den Huf vor zu großem Abrieb beispielsweise im Offenstall. Andere Modelle können für das Reiten und Fahren im Gelände verwendet werden.

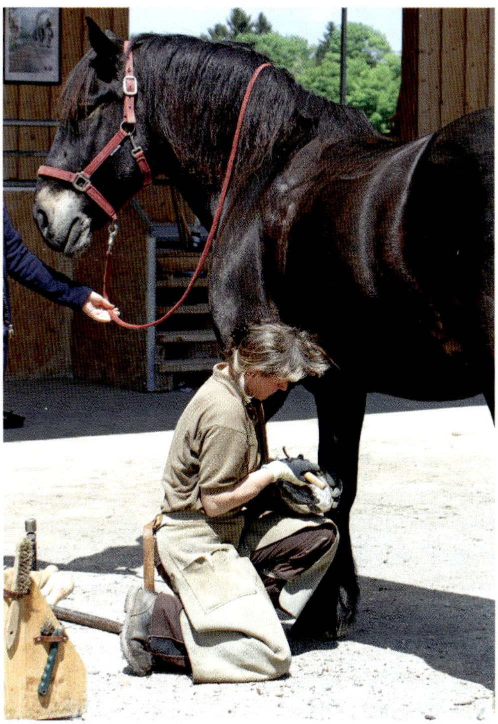

Huforthopädin (DHG) Irmgard Neumair stellt den Kaltblutwallach Rokko auf barhuf um: Das erfordert Wissen und viel Geduld des Besitzers.

schuhe ist es sehr ratsam, sich von einem erfahrenen Hufbearbeiter helfen zu lassen. Gerade bei problematischen Hufformen ist es nötig, die Hufe häufig zu bearbeiten, um eine Besserung der Hufsituation zu erreichen. Mit einem befestigten Hufschutz ist dies nicht möglich.

Die Ausrüstung für ein Kaltblutpferd

Da wir es bei den Kaltblutrassen mit sehr unterschiedlichen Größen – genauer gesagt Breiten – zu tun haben, kann der Reiter durchaus bei dem »normalen« Angebot fündig werden. Ansonsten muss er sich kundig machen, wo er in seiner Region die passende Ausrüstung für sein Pferd bekommt. Dabei sollte er immer die Qualität und die damit verbundene Sicherheit im Blick behalten. Gutes Equipment kostet entsprechend viel – das darf man nicht verschweigen! Wer also versucht, hier zu sparen, spart am verkehrten Ende! Und noch ein Tipp aus eigener Erfahrung: Lieber am Anfang etwas mehr in gute Qualität investieren, dann hält gut gepflegte Ausrüstung wirklich sehr lange.

Sättel

Ich persönlich verwende für den täglichen Gebrauch fast ausschließlich Westernsättel. Da ich meine Pferde sehr viel zu Schulungszwecken nutze, bietet mir der passende Westernsattel für die Pferde mehr Entlastung und für die Reiter mehr Sicherheit. Die modernen Westernsättel erlauben einen sehr vielseitigen Einsatz, das heißt, ich kann hier meine Pferde gut »dressurmäßig«

gymnastizieren und die Sättel auch für längere Ausritte verwenden. Für die gelegentliche Springgymnastik verwende ich selbstverständlich einen Spring- bzw. Vielseitigkeitssattel. Man sollte sich auf alle Fälle bemühen, von einem renommierten Ausbilder oder auch durch den Fachhandel eine gute Beratung und Unterstützung zu bekommen. Ein Sattel muss auch bei einem Kaltblut am Pferd anprobiert und getestet werden. Leider wird manchmal die Meinung vertreten, die »Dicken« wären nicht so empfindlich oder werden reiterlich nicht so beansprucht, so dass ein »billiger« Sattel ausreicht. Doch mit dieser Einstellung wird jeglicher Weg zu einem guten Ausbildungsergebnis auf beiden Seiten unmöglich gemacht.

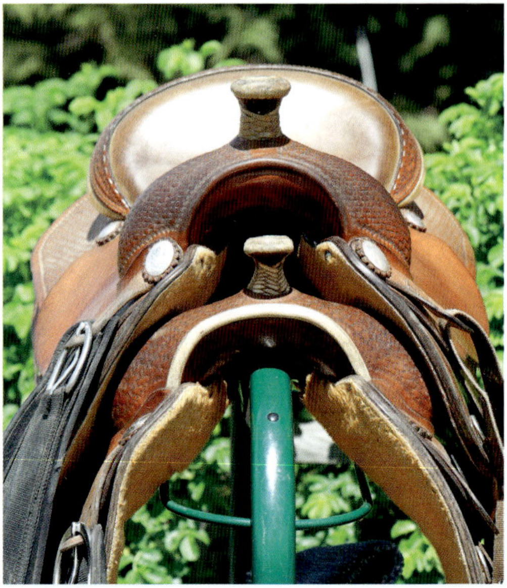

Die Winkelung der Bars und die Breite des Gullets (Kammerbreite) bestimmen die Passform eines Westernsattels, den es auch durchaus für Kaltblüter gibt.

Zäumungen und Gebisse

Auch bei der Auswahl eines Kopfstückes und der Zügel sollte an der Qualität nicht gespart werden. Billiges Leder wird schnell spröde und reißt dann, die Erfahrung sollte man sich ersparen. Die Anwendung der Gebisse werde ich im Praxisteil genauer erklären, hier möchte ich nur kurz die verschiedenen Wirkungsweisen erklären.

Trensen: Wir unterscheiden einfach und doppelt gebrochene Trensen. Die einfach gebrochene Trense hat den Nachteil, dass beim reflexartigen Anziehen des Reiters am Zügel nach hinten zum Körper sehr leicht die sogenannte Nussknackerwirkung entsteht. Hierbei klappt das Gebiss im Gelenk durch den starken Zug im Maul nach oben, was zu einem sehr unangenehmen Druck auf den Gaumen des Pferdes führt. Dies ist bei einer doppelt gebrochenen Trense entschärft.

Grundsätzlich gilt für mich allerdings immer die Weisheit: Das Gebiss in der Hand eines Reiters kann unbewusst wirken wie die Rasierklinge in der Hand eines Affen!

Kandaren: Die von mir am meisten verwendete Gebissart beim Kaltblut ist das sogenannte »Snaffle with Shanks« – zu Deutsch: Trense mit Anzügen. Meist auch doppelt gebrochen, also mit dem gleichen Mundstück wie bei einer Trense. Dieses Gebiss ermöglicht mir eine sehr ähnliche Handhabung wie die Trense, es hat aber durch eine leichte Hebelwirkung (entsteht durch Kinnkette und Anzüge) eine deutlichere und damit auch verständlichere Wirkung. Alternativen aus dem klassischen Bereich können das Pelham oder eine

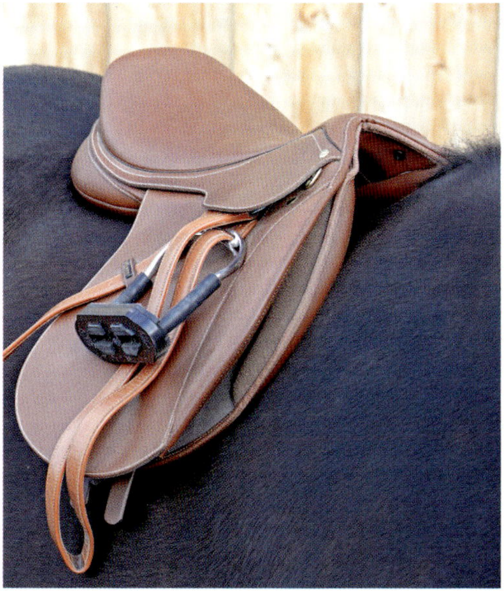

Der Rücken eines Kaltblüters im Reitpferdetyp unterscheidet sich nicht von dem eines kompakten oder größeren Warmblüters, so dass sich sogar ein Springsattel in Markenqualität finden lässt.

Springkandare sein. Auch hier muss ich mich allerdings am besten mit einem erfahrenen Trainer über die Wirkungsweise informieren und den Gebrauch unter Anleitung üben!

Mittlerweile gibt es sowohl im Western- als auch im Klassisch-Bereich sogenannte XL-Größen in guter Qualität. Allerdings werden die Maße häufig überbewertet – aus meiner Erfahrung sind bei den Rassen Schwarzwälder Fuchs, Noriker, Süddeutsches Kaltblut und Shire Horse Gebissbreiten von 12,5 bis 14 cm oft ausreichend. Ich selbst habe einen Schmied im Bayrischen Wald, der mir Gebisse in »Sondergrößen« und wie ich sie brauche, anfertigt.

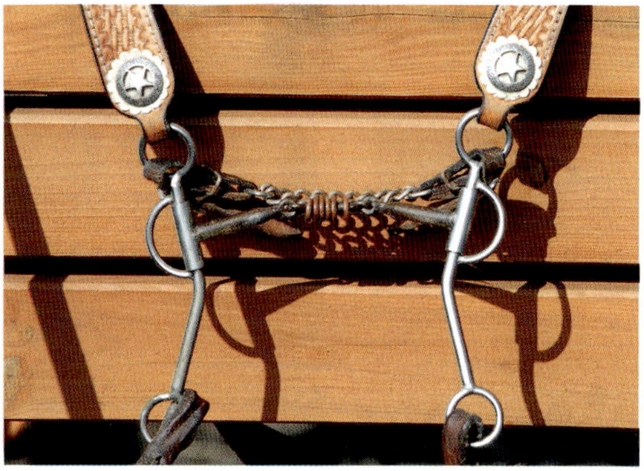

Ein Westerntrensengebiss mit Anzügen (= Snaffle with Shanks) doppelt gebrochen mit Kupferringen.

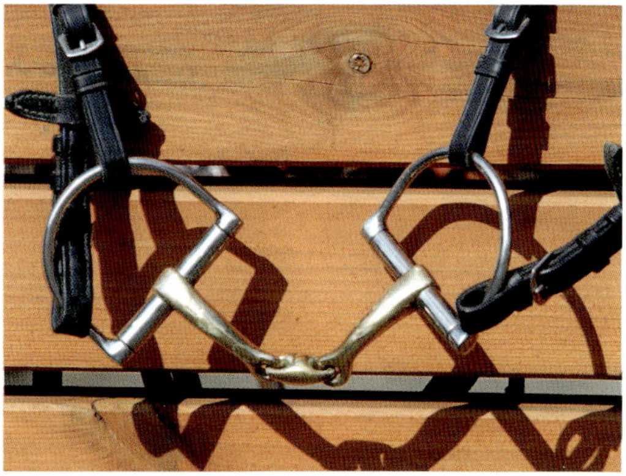

Eine doppelt gebrochene Trense mit D-Ring (klassisch).

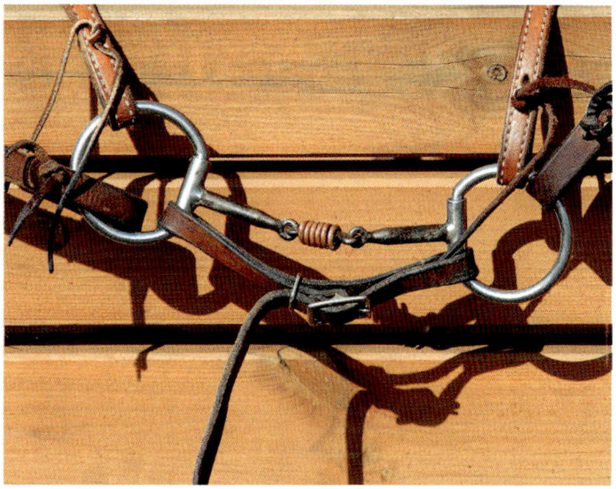

Eine doppelt gebrochene Westerntrense (= Snaffle) mit D-Ring und Kupferringen in der Mitte.

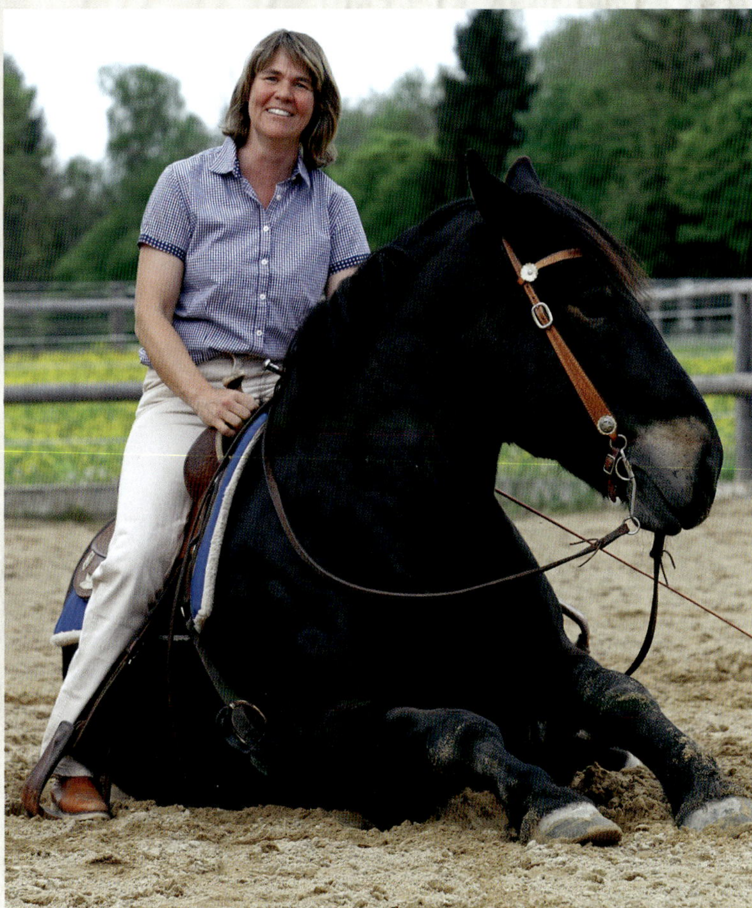

Harte Schale, weicher Kern

– so gewinne ich das Vertrauen

Auch wenn Pferde bereits seit vielen Jahrtausenden zu den domestizierten Haustieren zählen, so orientiert sich ihr Verhalten immer noch an ihren ureigenen Instinkten. Pferde sind Herden- und Fluchttiere – diese Tatsachen gelten für alle Pferderassen, also auch für unsere »Dicken«. Ich muss diese Dinge im täglichen Umgang mit meinem eigenen Pferd immer im Hinterkopf haben und bei allen Tätigkeiten berücksichtigen. Besonders intensiv spielen diese Urinstinkte in der Ausbildung eines jungen Pferdes eine Rolle, aber genauso beim Training eines älteren Pferdes. Jeder Reiter sollte darum wissen, wie Pferde auf Körpersprache, Geräusche, Gerüche und Berührungen reagieren.

Die Erziehung der »Dicken«

Bei der Anschaffung eines Kaltblüters kommen ein paar besondere Faktoren dazu. Gekauft ist so ein »Dicker« ja schnell, der Preis ist im Vergleich zu den meisten anderen Reitpferden recht günstig. Das verführt einige Pferdeliebhaber zu der Überzeugung, dies wäre eine günstige Alternative zu den meist teureren Artgenossen. Eine ganz sensible Angelegenheit ist der Vorgang, wenn blutige Anfänger ein Kaltblutfohlen vom Schlachter retten – ohne zu ahnen, was auf sie zukommt. Dann haben unsere Pferdeliebhaber dieses prachtvolle Tier zuhause in ihrem Stall stehen und im schlimmsten Fall »mutiert« es ganz schnell zu einem kleinen »Monster«. Die neuen stolzen Besitzer wissen häufig nicht, wie schnell Kaltblüter bei unsachgemäßem Umgang sich ihrer Körpermasse bewusst werden und diese dann auch einsetzen, um ihren Willen durchzusetzen. Deshalb müssen wir an dieser Stelle eindringlich davor warnen, ein Kaltblut nur wegen den günstigen Anschaffungskosten zu kaufen. Anfangs mag es preiswerter erscheinen, die Folgekosten unterscheiden sich aber keineswegs von denen anderer Pferde, wenn man vernünftig und verantwortungsvoll an das Zusammenleben mit dem Vierbeiner herangehen möchte.

Der Kauf eines Fohlens sollte wohlüberlegt sein.

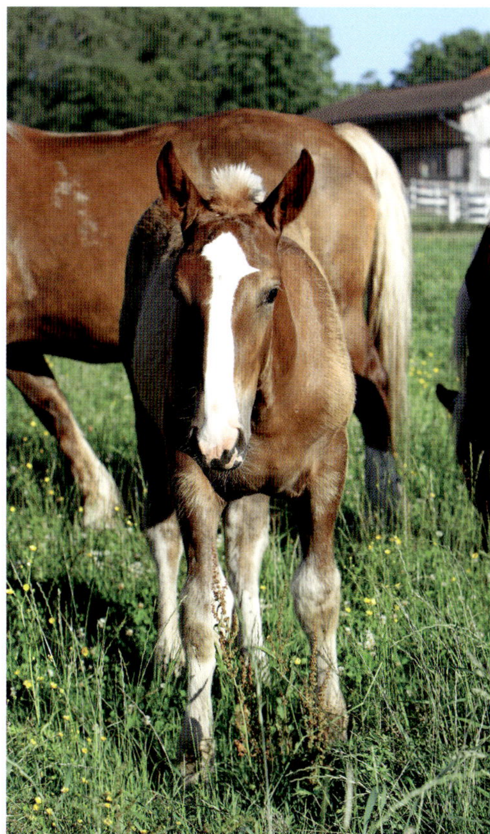

Wie kommt man zu einem Kaltblut? Hier die Geschichte von Karin, Bert und Stani

»Durch Zufall wurden mein Partner Bert und ich auf der Pferd International im Mai 2012 während des Schauprogramms auf Petra Dürr und ihren Kaltblutwallach »Rokko« aufmerksam. Daraufhin nahmen wir einen Flyer mit. Ich spielte schon länger mit dem Gedanken, mich wieder mit Pferden zu beschäftigen und so schrieb ich Petra über ihre Homepage an. Nach ein paar Wochen hatte ich die Hoffnung auf eine Antwort schon fast aufgegeben, als eines Nachmittags mein Handy läutete und Petra sich meldete. Sie erklärte mir in einem netten Gespräch ihre Methode, mit Pferden zu arbeiten, und fragte mich, was unsere Absichten wären. Zwei Wochen später war es dann soweit, wir fuhren zum ersten Mal nach Laufzorn und lernten dort Petra und ihre beiden Süddeutschen Kaltblüter Ronny und Rokko kennen.

Karin bereitet sich intensiv auf die Ausbildung und Zusammenarbeit mit Stani vor.

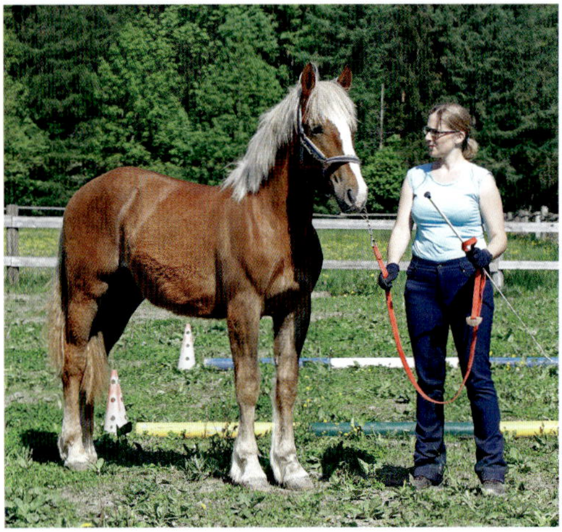

In meinem bisherigen Umgang mit Pferden waren mir nur Ponys und Warmblutpferde als Schulpferde begegnet. Bert hatte generell noch nicht viel Erfahrung mit Pferden gemacht. Kaltblüter waren für uns eben auch nur die großen Schweren, die auf Umzügen die Wagen und Kutschen ziehen. Als Reit- und Freizeitpferde hatten wir sie noch nicht kennengelernt. Bei Petra lernten wir, dass die großen »Schweren« durchaus mehr draufhaben als Wagen zu ziehen und Arbeitspferde zu sein. Durch ihre Geduld und ihre Gutmütigkeit sind sie für uns der optimale (Wieder-)Einstieg in den Umgang mit Pferden und großartige Lehrmeister, die auch mal einen Fehler verzeihen.

Seit unserer ersten Begegnung mit den beiden sind wir begeistert von den »Großen« und wurden ausschließlich mit Ronny und Rokko als Partner in die »Welt der Pferde« eingeführt – von der Bodenarbeit bis hin zum Reiten. Auch an einem Bodenarbeitskurs haben wir mittlerweile mit den beiden teilgenommen und mit Petra als Lehrerin macht das Lernen viel Spaß. Im Herbst erzählte Petra uns dann von ihrer neuesten Errungenschaft, einem Fohlen der Rasse Süddeutsches Kaltblut, das sie auf dem Fohlenmarkt ersteigert hatte. Neugierig geworden wollten wir den Kleinen kennenlernen und so stellte uns Petra dann ihre beiden Fohlen vor. Sie erklärte uns, dass der kleine Schwarze einmal die Nachfolge von Rokko und Ronny antreten solle. Den kleinen Fuchs habe sie zwar vom Schlachter gerettet, könne ihn aber nicht behalten, sondern müsse ihn nach der Ausbildung verkaufen. Scherzhaft fragte sie dann beiläufig, ob wir nicht ein Pferd wollten.

Und diese Frage ließ uns nicht mehr los. Wir besprachen uns viel, sind doch Pferde ein fast voll-

kommenes Neuland für uns. Können wir das schaffen? Als blutige Anfänger und mit unserem noch so geringen Wissen? Gerade für mich als eher ängstliche Person und mit viel Respekt vor den Großen stellte das schon eine Herausforderung dar. Aber mit der Aussicht auf Petra als Lehrerin und Ausbilderin und dem gutmütigen Charakter des kleinen Blonden wurde daraus eine Idee, die sich immer konkreter gestaltete. Nach etlichen ernsthaften Gesprächen mit Petra gehört uns mittlerweile der »kleine Blonde«. Jetzt freuen wir uns darauf, in den kommenden Monaten und Jahren mit »Stani« zusammen diese Aufgabe zu meistern. Mit Petra zusammen werden wir unser Süddeutsches Kaltblut ausbilden und dabei mit und von ihm sicherlich noch viel lernen dürfen.«

Stani-Reloaded: Die Geschichte von Karin und Stani geht weiter

Seit dem ersten Bericht »Wie kommt man zu einem Kaltblut?« sind mittlerweile sieben Jahre vergangen. Sieben Jahre voller Lernen, Ausbildung für Stani und mich, vielen (Freuden-)Tränen, vielen schönen Erfahrungen, dem einen oder anderen Rückschlag, viel Entwicklung und mit ganz viel Freude und Spaß.

Nach der Zeit in dem kleinen Stall in Siegertsbrunn, wo Stanis Ausbildung bereits mit Putzen, Hufegeben, Freilauf im Roundpen und erster Bodenarbeit mit der Führkette begonnen hatte, zog Stani 2014 zusammen mit seinen beiden Fohlenkumpels, Lauser und Nelson, auf den Spöckerhof um; das neue Zuhause von Petra Dürr. Dort wurde er in die Offenstallherde integriert und die Ausbildung nahm ihren Lauf. Ich besuchte in den letzten Jahren viele Bodenarbeits- und Reitkurse und nahm Unterricht auf Petras Pferden. Auch an Stanis Ausbildung war ich immer beteiligt und lernte viel mit ihm zusammen. Petra bildete Stani aus und ich durfte das Neuerlernte dann immer probieren und vertiefen. Das erste Mal satteln, das erste Mal auf- und absteigen, die ersten geführten Runden im Roundpen auf seinem Rücken und dann natürlich auch die ersten Versuche, frei zu reiten. Am Anfang hatten wir so unsere Themen miteinander und oft gab es Zeiten, in denen ich mehr oder weniger verzweifelt war, weil ich dachte, Stani und ich würden nie zusammenwachsen und ein gutes Team werden.

Stani ist mittlerweile – dank Petras fundierter Ausbildung – ein top ausgebildetes Pferd, das viel Spaß an der Arbeit und an der Bewegung hat und auch mal gerne flott vorwärtsgeht. Gerade mit diesem »Vorwärts« hatte ich lange ein Problem und konnte ihm nicht genug vertrauen, als dass ich ihn hätte laufen lassen. Immer zog ich die »Handbremse« an

Karin und Stani, 2020.

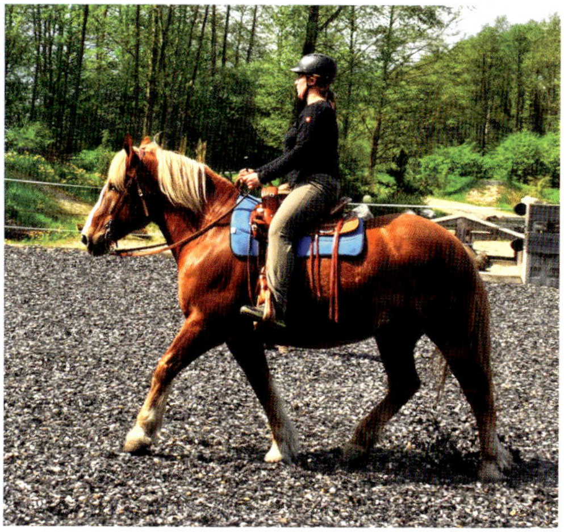

und das frustrierte Stani genauso wie mich. Doch gerade im letzten Jahr habe ich das Gefühl, mit Stani ein ordentliches Stück vorangekommen zu sein.
Ich habe gelernt, sein »Spiel« anzunehmen und nicht immer alles so ernst und verbissen zu sehen. Auch beim Reiten sind wir mittlerweile ein richtig gutes Team. So freue ich mich auf die nächsten Jahre, in denen wir weiter zusammen lernen und ganz viel Spaß und schöne Stunden miteinander haben werden.

Einige Überlegungen vorab

Eine korrekte Ausbildung ist genauso notwendig wie bei jedem anderen Reitpferd und die fängt schon am Boden an. Das hat ganz viel mit Horsemanship – also dem respektvollen Umgang mit dem Lebewesen Pferd und der genauen Kenntnis seiner Bedürfnisse – als auch mit Unfallvermeidung zu tun. Deswegen an dieser Stelle und in aller Deutlichkeit: Um ein umgängliches und rittiges Pferd zu bekommen und zu erhalten, ist eine solide Ausbildung die Voraussetzung, und zwar für Reiter und Pferd. Sollte dies nicht möglich sein – etwa aus zeitlichen oder finanziellen Gründen – ist vom Kauf eines eigenen Pferdes abzuraten, auch von einem Kaltblüter. Denn sind sich unsere »Dicken« erst mal ihrer Kraft bewusst und setzen diese gezielt ein, ist es selbst für einen Profi kein Zuckerschlecken, dieses Missverständnis wieder gerade zu rücken. Stimmen jedoch alle Faktoren rund um Pferd und Reiter, ist die Grundausbildung eines Kaltblüters dank des meist sehr umgänglichen und eher ruhigen Temperaments in der Regel sogar einfacher und oft nachhaltiger als bei anderen Rassen. Für alle Reiter gilt ohnehin, offen und immer bereit zu sein, sich reiterlich aus- bzw. fortzubilden. Ich lasse den oder die Besitzer des Pferdes, das bei mir zur Ausbildung ist, auf meinen »Dicken« am Anfang die ersten Erfahrungen sammeln, damit sie ein Gefühl dafür bekommen, was das Ziel sein kann. Der Weg dahin kostet Zeit und Geld und wird von vielen anfangs gerne unterschätzt.

Von Bodenarbeit bis Zirkuslektionen

Vor allem bei der Ausbildung und beim Umgang mit jungen Pferden darf man niemals den Herdentrieb aus den Augen verlieren. Pferde können in Panik geraten, wenn sie von ihren Artgenossen getrennt werden – auch dann, wenn es nur »um die Ecke« geht. Darum ist es sehr wichtig, dass das Pferd den Menschen als Herdenführer akzeptiert, damit es in so genannten Notsituationen nicht panisch wird, sondern noch auf die Reiterhilfen hört. Bei der Bodenarbeit fördern wir das Bewusstsein des Pferdes für seine Bewegungen. Wir helfen ihm, seine Koordinationsfähigkeit zu verfeinern, und wir verbessern die Kommunikation zwischen uns und dem Tier. Wer sein Pferd vom Boden aus nicht kennen lernt und kontrollieren kann, braucht sich gar nicht erst in den Sattel schwingen und glauben, von oben ginge alles besser. Wer dagegen vom Boden aus bereits Vertrauen aufgebaut hat und sich verständlich machen kann, der hat einen wichtigen Grundstein fürs Reiten gelegt.

Die Bodenarbeit ist der wichtigste Ausbildungsabschnitt in der Grundausbildung. Pferd und Reiter lernen sich hier besser kennen, ob es sich nun um ein junges, rohes Pferd handelt oder um ein älteres, dass neu in das Leben des Menschen tritt. Für den Reiter ist es sehr aufschlussreich, da er hierbei Reaktionen seines Pferdes viel besser beobachten kann als im Sattel. Die Körpersprache ist die einzige und damit wichtigste Sprache, mit der wir wirklich verständnisvoll mit dem Pferd kommunizieren können. Hiermit kann ich ersehen, wie eng Respekt und Vertrauen beim Pferd beieinanderliegen. Denn nur, wenn das Pferd den Menschen respektiert, kann es ihm vertrauen! Gerade unsere »Dicken« nutzen bei Kommunikationsproblemen schon mal ganz gerne ihre »Masse«, um sich aus einer für sie unverständlichen Situation zu retten. Schnell heißt es dann, diese Pferde wären unkooperativ, stur und unsensibel. In Wahrheit sind es allerdings Missverständnisse, die aus mangelhaftem Umgang entstehen und nicht selten so eskalieren, dass sie für Pferd und Reiter gefährlich werden können. Genau solche Kaltblüter sind schon öfter durch meine Hände gegangen. Immer wieder wünschte ich mir, dass es erst gar nicht so weit kommen sollte. Auch als Ausbildungsprofi ist es eine besondere Herausforderung, »so einen Dicken« davon zu überzeugen, dass man Kraft auch durch Technik ersetzen kann. Bis aus solch einer schon verfahrenen Situation wieder Respekt und Vertrauen entsteht, ist der Weg deutlich länger, als wären diese Grundsätze von Anfang an geklärt. Ich rate jedem Kaltblutbesitzer, unbedingt so

Bodenarbeit fördert die Koordination und Kommunikation zwischen Pferd und Mensch.

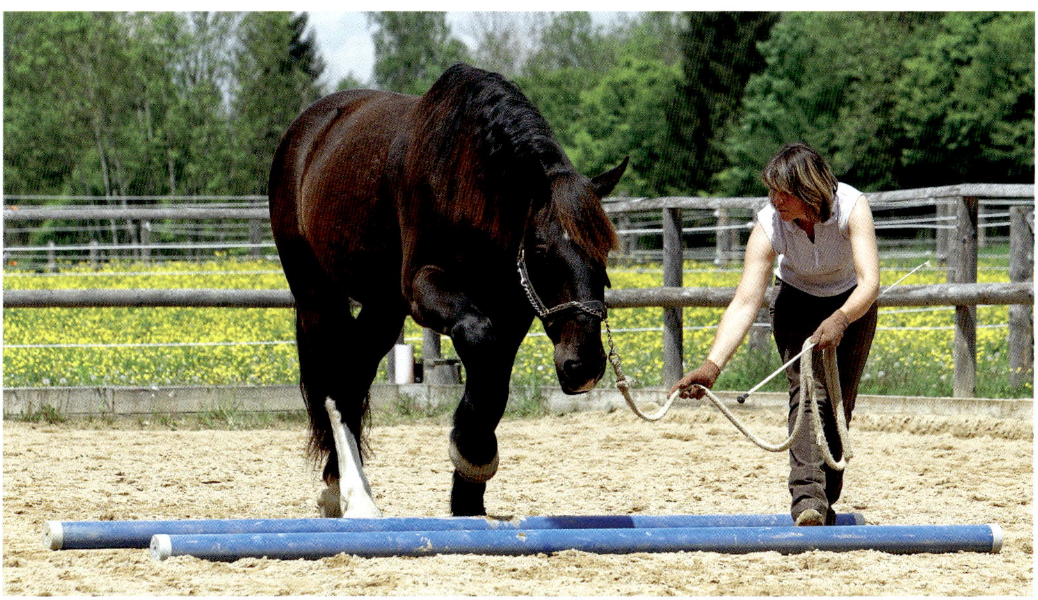

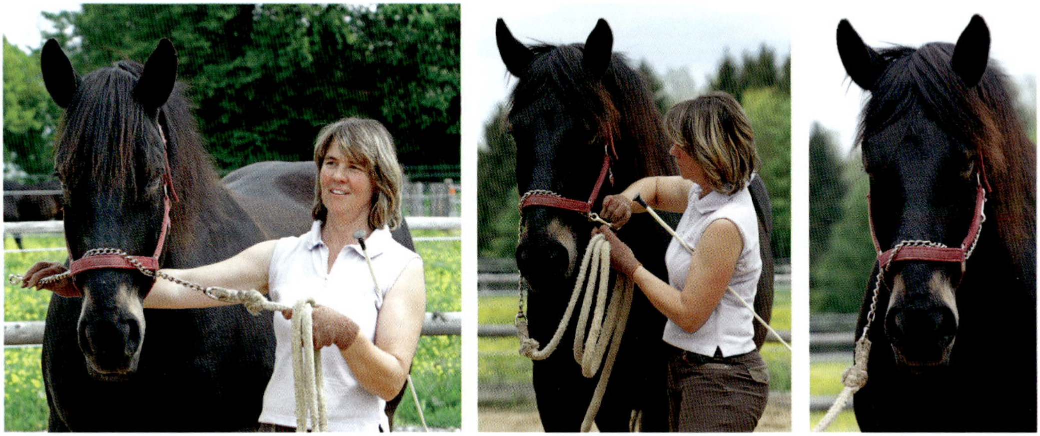

Links: So sollte die Führkette über der Nase des Pferdes liegen. Mitte: Das richtige Umschnallen erfordert etwas Übung. Rechts: Die Führkette kann von rechts oder links eingeschnallt und dementsprechend genutzt werden.

schnell wie möglich professionelle Hilfe hinzuzuziehen, wenn etwas nicht reibungslos funktioniert, und zwar je früher, desto besser! Bestimmte Ausdrucksformen, die der klaren Verständigung zwischen Mensch und Pferd dienen, werden heute von manchen Leuten als zu grob empfunden. Deshalb trauen sie sich nicht, deutlich einzuwirken, was zu unklaren Handlungen führt, die vom Pferd oft gar nicht oder falsch interpretiert werden. Nutzen Sie jede Gelegenheit, Pferde einmal in einer Herde zu beobachten und das »pferdische« Sozialverhalten zu studieren. Unsere Vierbeiner sind untereinander trotz der nonverbalen Kommunikation sehr klar und unmissverständlich und manchmal geht es nicht gerade zimperlich zu!

Viele Wege führen »nach Rom«

Es gibt mittlerweile viele verschiedene Methoden, um Bodenarbeit zu praktizieren. Natürlich gibt es speziell dazu eine Menge Bücher oder Lehr-DVDs. Im Grunde genommen hat jede Ausbildungsform das gleiche Ziel, und wenn man die jeweiligen Spielregeln beachtet, führt alles zu einem guten Ergebnis. Dieses Buch bietet nur einen kleinen Raum für dieses umfangreiche Thema und soll verdeutlichen, wie wichtig die Bodenarbeit ist. Ich möchte hier meine von mir angewandte Technik und Ausrüstung, die mich schon seit vielen Jahren begleitet, kurz vorstellen. Dazu verwende ich Führkette und Gerte, da ich sehr gerne in diesem Stadium der Ausbildung für Reiter und Pferd ganz bewusst getrennt von beiden Seiten arbeite. Dies findet durch den Wechsel der Führkette von rechts auf links und umgekehrt statt. Zudem ermöglicht mir die Kette, einem »Dicken« die Kommandos verständlich zu machen, indem ich sie kurz, klar, eindeutig und vor allem nachhaltig vermitteln und durchsetzen kann. Eines muss ich aber deutlich machen: Ich verwende die Kette

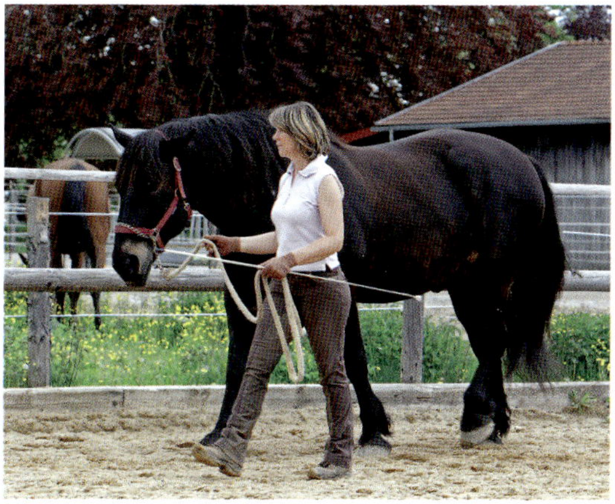

In dieser Position animiere ich das Pferd zu einem fleißigen Vorwärts, jedoch mit einem respektvollen Abstand.

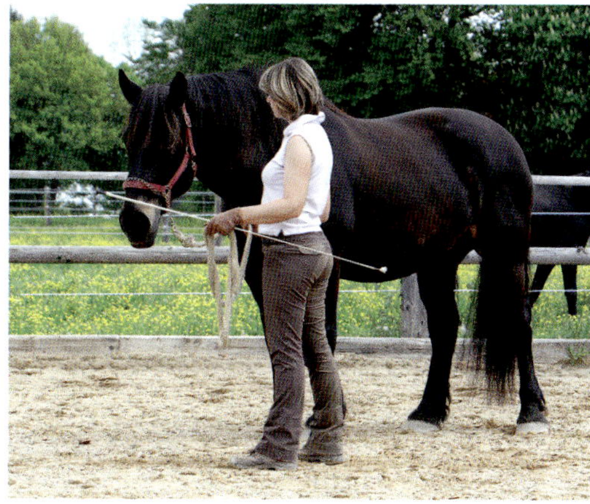

Indem ich mit der Gerte vor der Pferdenase »winke«, veranlasse ich das Pferd zum Anhalten.

nicht zum Bestrafen des Pferdes! Der Effekt der kurzen, aber deutlichen Einwirkung auf die Nase bewirkt in der Regel Verwunderung beim Pferd, das ein instinktives Anhalten oder Zurückweichen zur Folge hat. Die Führkette besteht aus einer mind. 75–80 cm langen Kette und einem Führseil aus mindestens zwei Metern Seil, bevorzugt aus Baumwolle. Zudem verwende ich eine mindestens 120 cm lange, weiße Gerte. Diese sollte möglichst starr sein, damit sie beim Touchieren nicht zu stark schwingt und dadurch deutlicher wirkt. Am oberen Ende sollte die Gerte einen Knauf haben, der uns hilft, die Impulse zu verstärken. In dieser Ausbildungsphase von Pferd und Reiter sollte der Mensch immer Handschuhe tragen. Wird das Seil doch mal abrupt durch die Finger gezogen, kann das sehr schmerzhaft sein! Die wichtigste Aufgabe der Bodenarbeit ist es, dem Pferd ein ordentliches Miteinander und Nebeneinander beizubringen. Häufig sieht man, dass ein Pferd den Menschen »führt« und nicht umgekehrt, was ein hohes Unfallrisiko mit sich bringt. Meist wurden hier die einfachsten Grundregeln des Zusammenlebens nie richtig erklärt. Und ich sage hier ganz bewusst »erklärt«, denn es geht nicht um ein Beherrschen, Dominieren oder Ähnliches, sondern um das Erlernen und Verstehen von einfachen Körpersignalen.

Basisübung »Stop and Go«

Um mein Pferd ins Vorwärts zu bekommen, gebe ich mit einem leichten Schlenker nach vorne einen Impuls an der Kette, was ich im Moment des Antretens durch ein kurzes Schnalzen mit der Stimme und ein Signal mit der Gerte hinter meinem Körper in Höhe der Pferdeschulter noch unterstützen kann. Dabei ist wichtig, dass zwischen Mensch und Pferd ungefähr ein halber Meter Abstand ist. Durch Winken mit der Gerte zwischen mir und dem Pferd »erkläre« ich meinem Vierbeiner, einen gewissen Abstand einzuhalten. Zeigt sich das Pferd von dem »Winken« der Führkette eher unbeeindruckt, muss durch einen deutlichen Klaps mit der Gerte am Hals hinter den Ohren der Aufforderung Nachdruck verliehen werden. Zum Anhalten winke ich mit der Gerte in deutlichen Abstand zum Pferdekopf vor der Nase mehrmals auf und ab. Reagiert das Pferd nicht sofort und läuft an mir vorbei, bekommt es einen deutlichen Klaps auf die Brust. Wenn das »Stop and Go« gut funktioniert, kann ich dazu übergehen, Schritt-Trab-Übergänge zu üben. Auch das Rückwärtsrichten mit deutlichem Abstand zum Führer muss immer wieder geübt werden. Das seitliche Nachgeben auf die Berührung der Gerte ist eine ebenfalls sehr wichtige Basisübung und eine hervorragende Vorstufe für das Schenkelweichen unter dem Sattel.

Weiterführende Übungen

Sitzt die Basis und respektiert das Pferd den Menschen neben sich, ist es wichtig, durch weitere Übungen Abwechslung ins Programm zu bringen, sonst wird es dem »Schüler« an unserer Seite ganz schnell langweilig. Hierfür gut geeignet ist das Überwinden von Stangen in unterschiedlichen Abständen und Höhen. Dabei gilt die Regel: Je enger und höher die Stangen liegen, umso schwerer ist die Übung. Auch Rückwärts durch Stangen und/oder um Pylonen herum sind sehr gute Übungen, um die Aufmerksamkeit zu erhöhen.

Etwas mehr Vorsicht ist geboten beim Konfrontieren mit sogenannten »Gefahrenhindernissen« wie zum Beispiel Plastikplanen und Flatterbändern. Achtet hierbei das Pferd nicht respektvoll seinen Führer, besteht sehr leicht die Möglichkeit, dass er die Kontrolle über das Pferd verliert. Schnell verbindet unser »Dicker« die vermeintliche Gefahr mit Wegrennen und entzieht sich damit erfolgreich und effektiv der Situation. Hier ist es oftmals besser, sich professionelle Unterstützung – zum Beispiel in einem Bodenarbeitskurs – zu holen, bevor das Pferd schlechte Erfahrungen macht. Grundsätzlich sollten die Arbeitsabschnitte immer relativ kurz gehalten und wie bei allen anderen Trainingseinheiten auch sofort beendet werden, wenn sich ein Erfolg einstellt. Wichtig: Lieber mit kleinen Erfolgen zufrieden sein und nicht verbissen an einer Lektion festhalten. Pferde lernen nicht rational wie wir Men-

Naturtrail

Im Naturtrail (NT) ist die Arbeit mit und in natürlichen und entsprechend der Natur nachgebauten Hindernissen möglich. Pferd und Reiter lernen unter naturnahen Umständen, unterschiedliche Geländeformationen zu bewältigen – z.B. bergauf-bergab, Wasserstellen, schmale Wege mit Stufen und massiven Baumstämmen. Wechselweise können hierbei die Holzhindernisse wie Brücken, Balancesteg (50 cm mit oder ohne Kurve) Stangenkombinationen u.v.m. kombiniert werden.

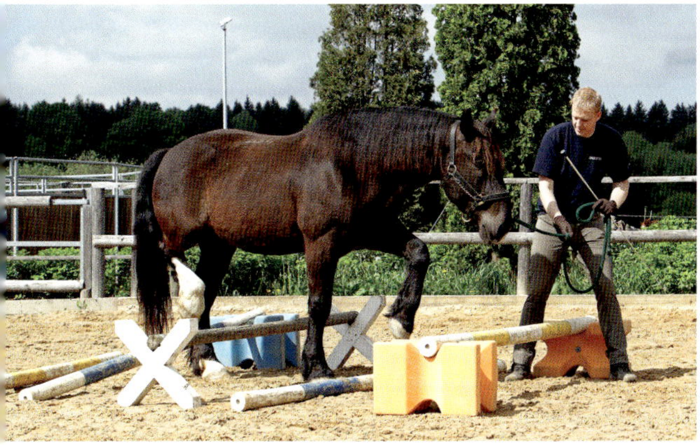

Funktioniert die Basis der Bodenarbeit, kann ich mich an schwierigere Aufgaben heranwagen, z. B. das Überwinden eines Stangen-Parcours.

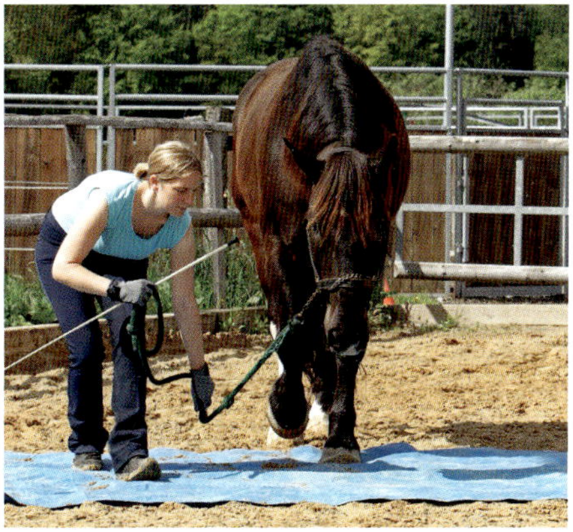

Beim Überwinden von sogenannten Schreckhindernissen wie Plastikplanen muss das Pferd Vertrauen und Respekt haben.

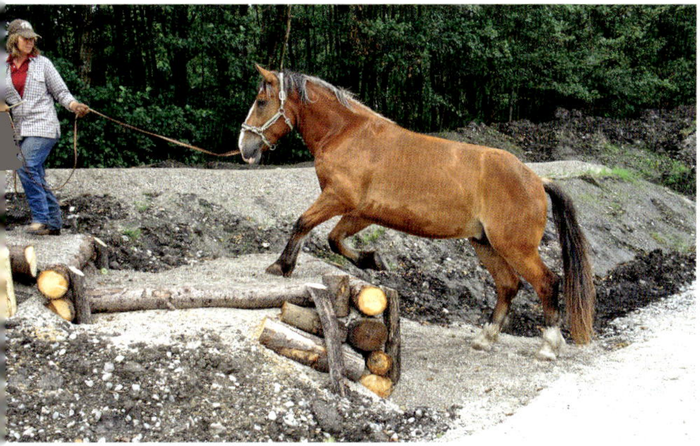

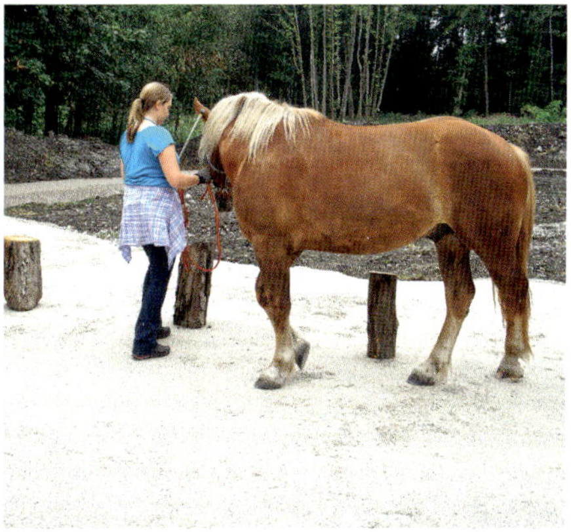

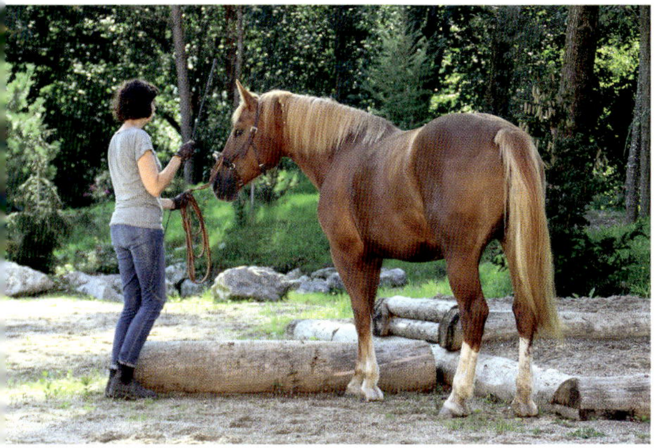

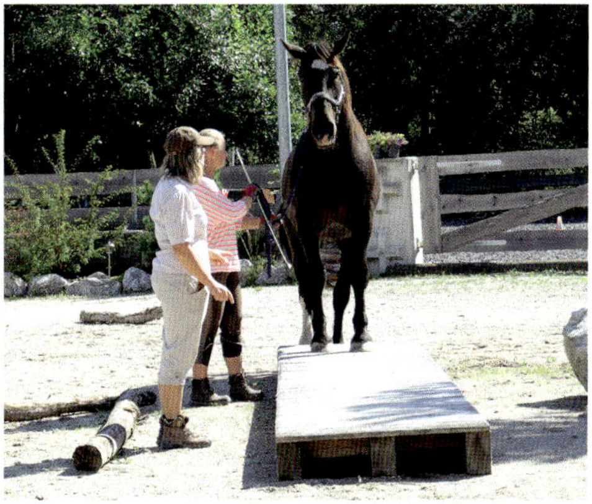

Im Naturtrail.

schen, sondern durch für sie verständliche Wiederholungen und Positivverstärkungen.

Longieren

Ich habe es oft genug erlebt, dass Kaltblüter gerade an der Longe bei unsachgemäßer Handhabung ganz schnell mal ihre Muskeln spielen lassen und sich dann einfach losreißen. Wird dies zur Gewohnheit, ist es nur schwer wieder auszutreiben! Hier der Rat aus der Praxis: Longieren erst dann ins Trainingsprogramm einbauen, wenn eine gewisse Routine und ausreichendes Vertrauen in den täglichen Abläufen zu erkennen ist. Trotzdem ist es besser, korrektes Longieren zu erlernen und zuerst mit einem Profi zu üben; denn das übliche »Im-Kreis-Herumlaufenlassen an einer Longe« ist kontraproduktiv und kann schnell ins »Auge gehen«.

Die Arbeit im Roundpen

Der Roundpen ist eine wichtige Unterstützung in der Arbeit mit unseren Kaltblütern. Ich empfehle jedem, der nur eingeschränkte Möglichkeiten beim Bau eines Reitplatzes hat, lieber einen großen Roundpen mit 18 bis 20 Meter Durchmesser in Erwägung zu ziehen als einen zu kleinen Reitplatz. Der große Vorteil: Es gibt keine Ecke, in die sich das Pferd »retten« kann. Im Roundpen lernt das Pferd im Freilauf, sich selbst in allen drei Grundgangarten auszubalancieren. Das häufige Wechseln der Seiten ist im Freilauf ebenfalls einfacher und verhindert einseitige Belastungen. Besonders für nicht so geübte Reiter ist die Arbeit im Roundpen eine echte Alternative zum Longieren. Vor der Bodenarbeit oder vor einem gemütlichem Ausritt kann man im Roundpen – falls es mal nötig sein sollte –, kontrolliert etwas »Dampf« ablassen und damit vielen Problemen aus dem Weg gehen. Dies gilt natürlich besonders für junge Pferde. Bei einer pferdegerechten Haltung sollte es normalerweise nicht zu einer extrem angestauten Energie kommen. Beim korrekten Führen eines Pferdes in den Roundpen dem Auslassen vom Strick eine erhöhte Aufmerksamkeit schenken. Zu diesem Zeitpunkt muss das Pferd die Körpersprache des Menschen kennen und akzeptieren. Ansonsten kann es ganz leicht passieren, dass uns das Pferd bei dieser Aktion überrennt. Ich achte an dieser Stelle vermehrt darauf, wohin das Pferd am liebsten rennen würde. Dann stelle ich es mit dem Kopf in die entgegengesetzte Richtung und vermeide damit, dass das Pferd auf mich zuläuft. Ebenso wichtig ist es, dass ein Pferd lernt, ruhig zu stehen, wenn der Strick abgehängt wird. Oft reicht schon das Geräusch des klickenden Karabiners und das Pferd ist weg. Deshalb den »Dicken« immer noch eine Weile ste-

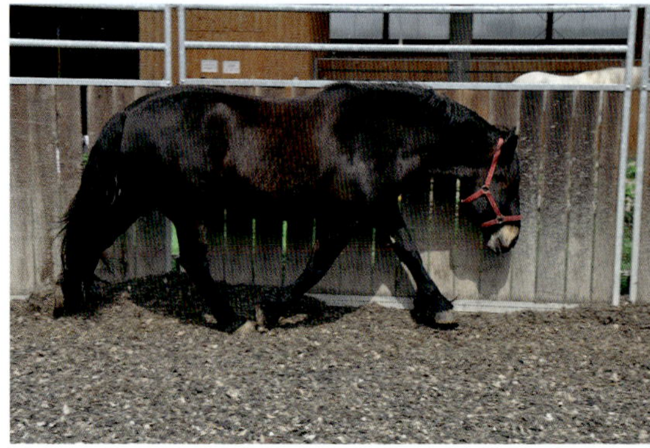

Einen ausreichend großen Roundpen kann ich in vielfältiger Art und Weise für das Training nutzen.

hen lassen, bevor man ein paar Schritte rückwärtsgeht. Dabei mit der Longierpeitsche »wedeln« und das Pferd von uns abweisen. Hat man es vorher durch Bodenarbeit mit Kette und Gerte entsprechend geschult, gibt es hierbei keine Probleme. Durch die »schöpferische« Pause vor dem Auslassen üben beide – Reiter und Pferd – Geduld, Geduld und nochmals Geduld! Im Roundpen kann ich durch das Beobachten des Pferdes in den einzelnen Gangarten gut erkennen, wo das Pferd seine Stärken und Schwächen hat, zum Beispiel welchen Galopp es bevorzugt. Dies kann für die weitere Ausbildung und Gestaltung des Trainings eine enorme Hilfe sein.

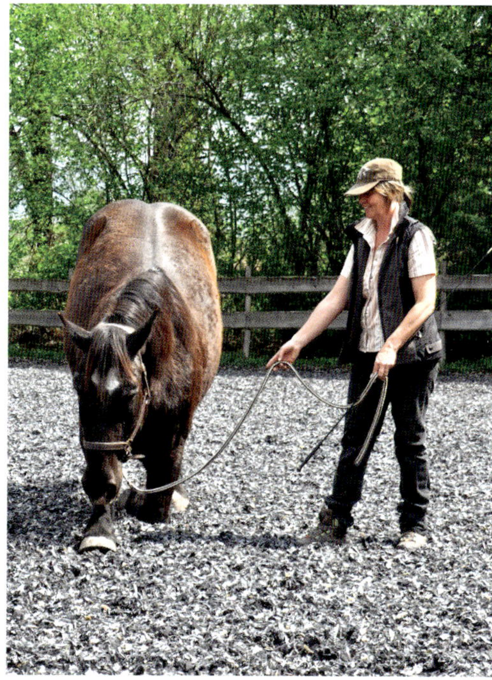

Das Kompliment ist eine gute Übung, um Gleichgewicht und Aufmerksamkeit zu schulen.

Zirkuslektionen

Diese Variation zum Thema Bodenarbeit kann eine interessante Abwechslung zum sonstigen Training sein. Außerdem sind Zirkuslektionen nützlich, um ein Pferd zu gymnastizieren und seinen Gehorsam zu schulen. Zirkuslektionen ergeben sich aus den natürlichen Bewegungsabläufen, die wir im Spiel, im Imponiergehabe, aber auch bei ganz banalen Alltagsabläufen unserer Pferde wiederfinden. Das Kompliment ist beispielsweise eine gute Übung, um einen »Dicken« in Gleichgewicht und Aufmerksamkeit zu schulen. Diese Übung ist auch für Nicht-Profis, unter Anleitung eines fachkundigen Trainers gut zu lernen. Ich erlebe es oft, dass die Pferde solche Lektionen gerne als willkommene Abwechslung annehmen. Bei den weiterführenden Lektionen, wie dem Ablegen, Sitzen, Verbeugen, Ja und Nein sagen, Apportieren, Steigen, Spanischer Schritt, Klettern auf ein Podest und vielem mehr gehört allerdings seitens des Menschen große Disziplin dazu, die natürlichen Grenzen seines Pferdes zu kennen und zu akzeptieren und es keinesfalls zu überfordern. Dann machen Zirkuslektionen nicht nur viel Spaß, sondern haben auch einen hohen pädagogischen Wert, sie gymnastizieren unsere Pferde und können dazu beitragen, die Position des Menschen als »Herdenführer« zu stärken.

Der Spanische Schritt

Mit einer Fußlonge (… bitte nur durch einen erfahrenen Ausbilder!) oder einem weichen, langen Strick um die Fessel des Pferdes gelegt versucht man, sanft und vorsichtig das Bein in die Höhe zu bringen. Wenn das Pferd dieses etwas anhebt (zunächst ist es egal, in welche Richtung das passiert; es ist auch völlig ausreichend, wenn es das Bein nur ein paar Zentimeter vom Boden abhebt), dann wird es sofort aus dem Zug entlassen und ganz überschwänglich gelobt (am besten Stimmlob ... bei besonders bestechlichen Exemplaren anfangs zusätzlich zur Stimme ein Leckerli ... später reicht im Regelfall dann die Stimme). Das Pferd muss nämlich erst mal ganz in Ruhe eine Idee davon bekommen dürfen, was der Mensch eigentlich von ihm will. Das lernt ein Pferd erfahrungsgemäß am besten durch ganz viel Lob des mit ihm daran arbeitenden Menschen. Diese Übung wird anfangs nur kurz gemacht und muss sofort beendet werden, wenn das Pferd das Bein gehoben hat. Später (am nächsten oder übernächsten Tag) gibt es ein oder zwei Wiederholungen. Dann auch darauf achten, dass das Bein ausschließlich nach vorne gestreckt wird. Man kann dem Pferd helfen, indem man den Strick entsprechend weit nach vorne zieht und das Pferd dann mächtig lobt, wenn es das Bein hebt, ohne dagegen zu ziehen. Bitte nicht übertreiben und mit ganz kleinen Schritten zufrieden sein. Nach einer gewissen Zeit kann man dazu übergehen, das Pferd zusätzlich mit einer kleinen Gerte an einem dafür passenden Punkt (Schulter oder Vorderfußwurzelgelenk) zu touchieren. Die Fußlonge noch weiter zur Unterstützung benutzen, dazu die Gerte und ein Stimmsignal (etwa »spa-

Die »schlauen Füchse« vom Wälderhof

Im Nordschwarzwald befindet sich der »Wälderhof« und hier lebt und arbeitet Antonia Kaupp zusammen mit ihren Schwarzwälder Füchsen. Diese werden geritten, gehen vor der Kutsche und manchmal holen sie auch Holzstämme aus dem nahen Wald.
Doch sie können noch viel mehr:
Mit verschiedenen Zirkuslektionen überraschen sie jeden Besucher.

Achtung!

Longieren, Arbeit mit der Doppellonge, Fahren vom Boden aus oder Langzügelarbeit, Roundpen-Arbeit, Freiheitsdressuren bzw. Zirkuslektionen sind wunderbare Möglichkeiten, um das Training abwechslungsreich zu gestalten. Jedoch ist es ratsam, sich vorher gründlich zu informieren und es evtl. einem Profi zu überlassen. Fehler, die meist aus Unkenntnis passieren, prägen das Pferd oft langfristig negativ und lassen sich nur mit viel Aufwand korrigieren!

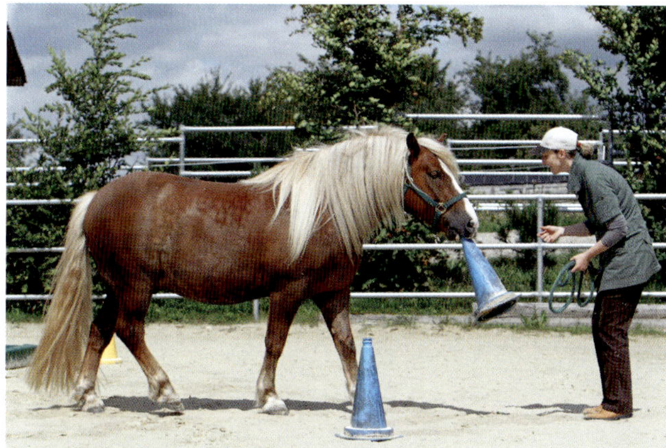

Den Spieltrieb in vernünftige Bahnen gelenkt: Der Schwarzwälder Kaltblutwallach »Robin« apportiert Hütchen und auch andere Gegenstände auf dem Reitplatz.

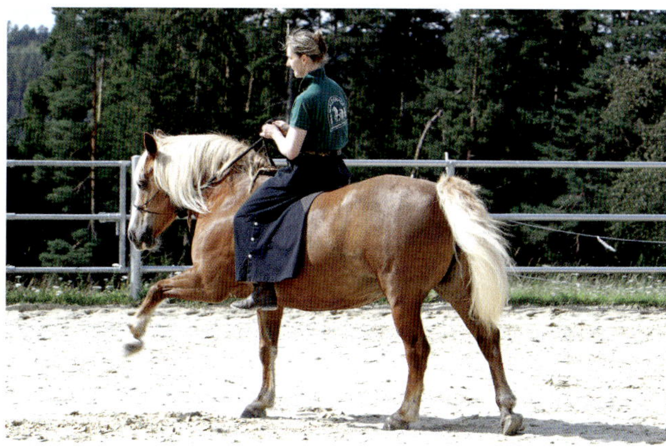

Bis der Spanische Schritt in dieser Perfektion gezeigt werden kann, braucht ein Pferdebesitzer viel Disziplin und Geduld.

nisch«). Die nächste Herausforderung wäre, die Beine abwechselnd anheben zu lassen. Das Pferd führt diese Lektionen zunächst (rechnen Sie mit einigen Wochen oder Monaten – je nachdem, wie oft man übt) im Stand aus.

Das »Laufenlernen« im Spanischen Schritt kommt erst danach, da es ein ungewohnter und nicht ganz einfacher Bewegungsablauf für ein Pferd ist. Zum »Laufenlernen« empfiehlt sich auf jeden Fall eine Hilfsperson, die das Pferd sanft aber deutlich an der Hinterhand zum Vorwärtsgehen auffordert, während die Hauptperson dabei einen schönen gestreckten Schritt abverlangt (aber wirklich nur einen!). Dann wird das Pferd wieder sehr gelobt! Das wird nun Tag für Tag oder Woche für Woche immer weiter geübt. Anfangs reicht es, wenn das Pferd Schritt geht und nur alle zwei oder vier Schritte ein Bein hebt. Daraus wird dann die »Polka« geübt – also z.B. linkes Bein hoch, zwei normale Schritte (also rechts und links) und dann das rechte Bein hoch – und so weiter. Wiederum daraus wird dann mit viel Geduld das abwechselnde Beinstrecken im Laufen, also der letztendlich gewollte »Spanische Schritt« erarbeitet.

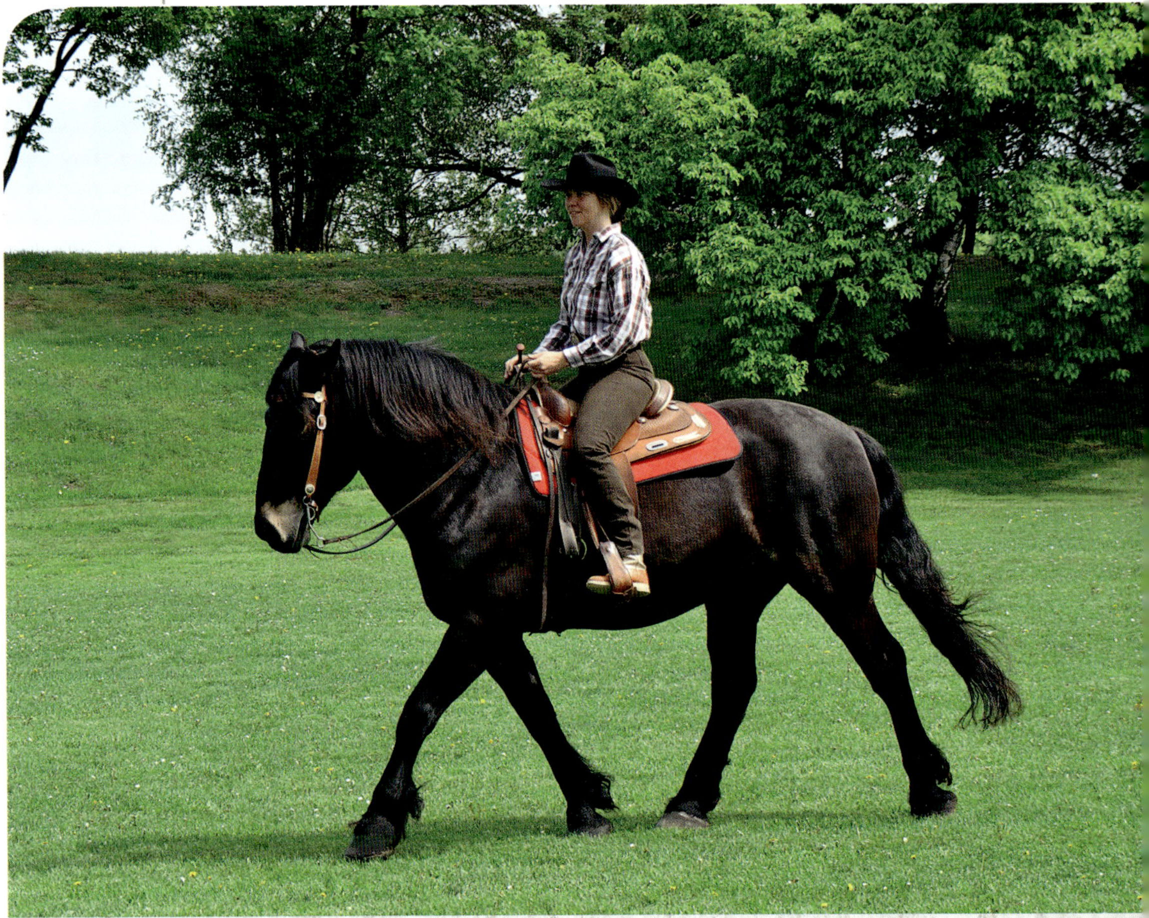

Kaltblüter

richtig reiten, trainieren und gymnastizieren

Nachdem wir mit Bodenarbeit, Arbeit im Roundpen und den vielen anderen Möglichkeiten, die heutzutage die Ausbildungspalette bietet, die Basis für das weitere Zusammenleben mit unserem »Dicken« gelegt haben, kommen wir jetzt zum wichtigsten Thema: das Anreiten beziehungsweise das weitere Training. Selbst wenn Sie das Glück haben sollten, ein älteres, bereits ausgebildetes Kaltblutpferd ihr Eigen zu nennen, ist es sinnvoll, sämtliche Ausbildungsschritte, die man bei jungen Pferden anwendet, zu kennen und in das weitere Trainingsprogramm mit einzubauen.

Das »triebige« Kaltblutpferd

Im Zusammenhang mit der Ausbildung von Kaltblütern taucht dieser Begriff auf, der übersetzt heißt: faul, mit einem harten Maul und wenig Schubkraft. Um es gleich vorwegzunehmen: Es gibt faule und fleißige Kaltblüter, aber gibt es das nicht bei jeder anderen Rasse ebenso? Ich habe dieses Phänomen des faulen Kaltblüters in den über zwanzig Jahren, in denen ich mit diesen Pferden arbeite, noch nie erlebt! Im Gegenteil: Sie sind sehr arbeitsfreudig, lernwillig und sensibel. Da ich den Ursachen gerne auf den Grund gehe, möchte ich zunächst einmal klären, was mit dem Begriff »triebig« gemeint ist: In erster Linie wahrscheinlich, dass ein Pferd nicht freiwillig vorwärts geht. Dann stellt sich die Frage: Warum geht das Pferd – in unserem speziellen Fall das Kaltblutpferd – nicht vorwärts? Sicherlich nicht, weil es von Geburt an fett, faul und phlegmatisch ist! Wir sollten uns freuen, dass es noch Pferde mit einem ruhigen Temperament gibt und diese Bezeichnung gefällt mir wesentlich besser. Ich erlebe es häufig, dass viele Reiter völlig überfordert mit ihren für den Hochleistungssport gezüchteten Vollathleten sind. Daher gibt es die frohe Botschaft: Es ist wesentlich einfacher (insbesondere für »Ottonormalverbraucher«!), ein langsames Pferd fleißiger zu bekommen, als ein zu schnelles immer wieder auszubremsen! Versuche, dieses Problem alleine durch reiterliche Einwirkung zu beheben, führen meiner Meinung nach niemals zu einem dauerhaft zufriedenstellenden Ergebnis. Der einzig vernünftige Weg, solch ein Problem zu lösen, ist es, das Pferd (und den Reiter) von Anfang an richtig zu schulen. Durch Ausbildung, insbesondere durch eine solide Grundausbildung, möchte ich erreichen, dass ein Pferd körperlich, aber auch psychisch soweit gefördert wird, dass es angenehm zu reiten ist – immer unter Berücksichtigung seiner rassetypischen Grenzen

Kurzer Exkurs in die Evolutionsgeschichte

Bevor es in die Praxis geht, machen wir einen Ausflug in die Evolution unseres Hauspferdes und speziell zum Ursprung der Kaltblutpferde. Grundsätzlich wird zwischen den Urwildpferden des Nordens und des Südens unterschieden. Die Urwildpferde des Südens sind die Urahnen der Vollblüter, wie zum Beispiel des Araberpferdes, aber auch der Berber, Sorraias oder der Achal-Tekkiner. Diese Pferde lebten vorwiegend in Wüsten- und Steppenregionen. Ein Verstecken vor Feinden war in diesem weiten, übersichtlichen Gelände nicht möglich. Nur die schnelle, rechtzeitige Flucht half ihnen, den Fressfeinden zu entkommen. Trotz einer langen Domestikationsgeschichte können

»blütige« Pferde ihre Herkunft nicht verstecken. Wegen ihrer Lauffreude und einem ausgeprägten Fluchtreflex sind solche Pferde für nicht so erfahrene Reiter anspruchsvoll im Umgang und damit eindeutig schwieriger.

Unsere Kaltblutpferde gehen auf Ponyrassen aus den weiten Wäldern und Tundren der nördlichen Hemisphäre zurück. Bei diesem Pferdetyp handelt es sich um Equiden mit einem ausgeprägten Herdentrieb. Sie haben einen nicht so extremen Fluchtreflex, sie erstarren eher bei Gefahr. Allerdings – durch das ausgeprägte Herdenverhalten neigen diese Pferdetypen auch zu mehr Unsicherheit, wenn sie alleine sind. Ein Phänomen, das man in unserer Haltung »kleben« nennen würde.

Diese kleine Zeitreise in die Vergangenheit unserer Pferde soll verstehen helfen, welche Konsequenzen dies für den Gebrauch und die Schulung hat. Wenn ich verstehe, dass ein Kaltblüter (genauso wie alle anderen Rassen) gemäß seinen Erbanlagen auszubilden ist und dabei nur das verlange, was er nach seinem angeborenen Verhaltensrepertoire leisten kann, habe ich sehr viel Freude an diesen tollen Pferden.

Auswahl eines Kaltblüters zum Reitpferd anhand des Exterieurs

Bei der Beurteilung eines Kaltblüters hinsichtlich seiner zu erwartenden Qualitäten als Reitpferd gelten dieselben allgemeinen Merkmale, die für alle Reitpferde wichtig sind. Diese Betrachtung

Anatomie und Biomechanik

»Die Anatomie und die Psyche des Pferdes gibt seinen Ausbildungsweg vor.« (Gerd Heuschmann)

Die Biomechanik ist eine interdisziplinäre Wissenschaft, die den Bewegungsapparat biologischer Systeme und die mit ihm erzeugten Bewegungen unter Verwendung der Begriffe, Methoden und Gesetzmäßigkeiten der Mechanik (Physik) beschreibt, untersucht und beurteilt. Bei der Anatomie werden Gestalt, Lage und Struktur von Körperteilen, Knochen, Organen, Gewebe oder Zellen betrachtet.
Unabhängig von der Rasse und seinem Verwendungszweck ist die Anatomie und Biomechanik eines Pferdes vom wissenschaftlichen Standpunkt aus zunächst als gleich zu betrachten.
Wenn von pferdegerechter Ausbildung die Rede ist, bedeutet das, die individuellen Möglichkeiten aber auch Grenzen eines Pferdes im Zusammenhang mit diesen naturgegebenen Faktoren zu berücksichtigen.
»Theoretisches Wissen ist die entscheidende Grundlage, um in der Praxis den richtigen Weg einschlagen zu können«: Es gibt viele gute Bücher und Lehr-DVDs, die den interessierten Reiter auf diesem Weg weiterbringen.

»von außen« soll uns helfen, das richtige Pferd für unseren Verwendungszweck zu finden und darüber hinaus hilft es uns, dass unser Kaltblüter möglichst lange gesund und leistungsfähig in unserem Dienst stehen kann.

Wichtige Beurteilungskriterien

Beim äußeren Erscheinungsbild eines Pferdes wird das Format beurteilt: Ein Quadratpferd ist ebenso lang wie hoch – das Verhältnis Körperlänge zu Widerristhöhe ist 1:1, ein Rechteckpferd hat eine größere Körperlänge bezogen auf die Widerristhöhe. Je größer die Körperlänge des Pferdes, desto größer ist der mögliche Raumgriff.

Ein leichtes Genick mit ausreichend **Ganaschenfreiheit:** Gerade dieser Punkt ist sicherlich kein Zuchtschwerpunkt bei den Kaltblutrassen und leider oft – im Vergleich zu einem Warmblut – wenig bis gar nicht ideal geformt. Deswegen lohnt es sich, genau hinzuschauen. Man muss zur Ehrenrettung sagen, dass bei einigen modernen Zuchtlinien hier Besserung eingetreten ist.

Der **Hals** sollte mittellang sein, mit deutlich längerer Oberlinie als Unterlinie (ideales Verhältnis 2:1). Hier überwiegt gerade bei den schweren Kaltblutrassen der eher kurze Speckhals. Dies ist in der Ausbildung für Pferd und Reiter eine nicht zu unterschätzende Problematik, da der kurze Hals meist mit wenig Ganaschenfreiheit (s.o.) verbunden ist. Diese Kombination macht es dem Pferd sehr schwer, korrekt im Genick nachzugeben.

Die **Schulter** sollte lang und ausreichend schräg sein, sie gibt mir in der Verlängerung ungefähr

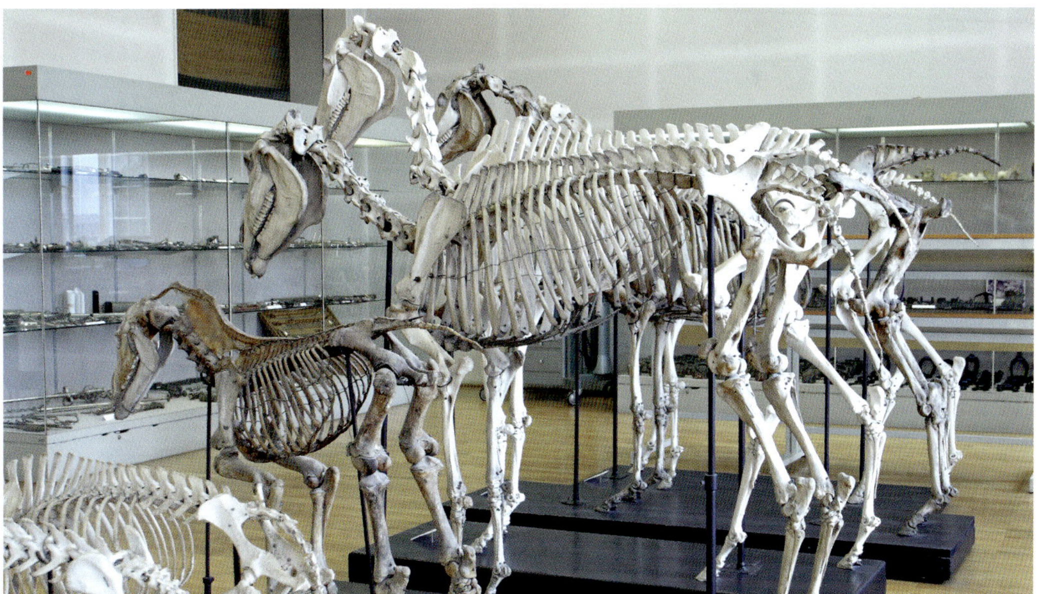

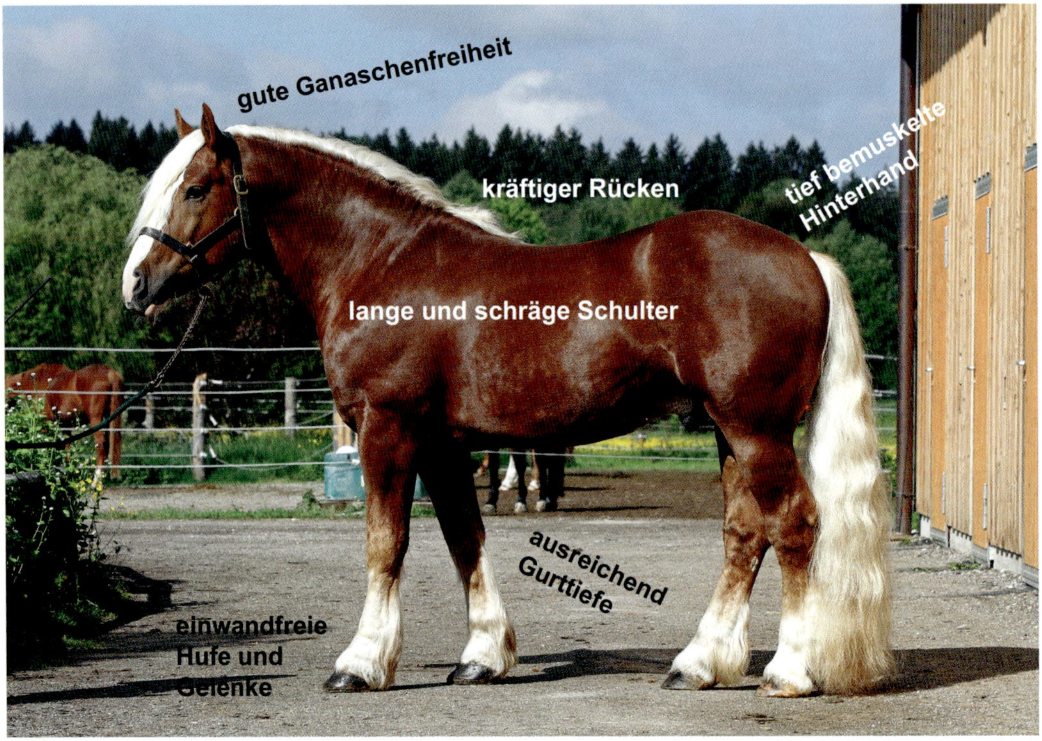

Beispiel eines »Rechteckpferdes«: Solero II, gekörter und leistungsgeprüfter Süddeutscher Kaltbluthengst.

den Punkt an, wo das Pferdebein auffußen wird. Eine steile Schulter bietet wenig Raum für eine elastische Bewegung.

Der **Brustkorb** ist bei den meisten Kaltblütern eher rund, was gerade bei den schweren Rassen zu einer geringen Gurttiefe führt. Dies schafft wenig Raum für Lunge und Herz, was wiederum auf weniger Ausdauer schließen lässt. Bei den leichteren Kaltblutrassen findet man durchaus Pferde mit ausreichender Gurttiefe.
Für ein Gebrauchspferd wünschen wir uns einen mittellangen und dadurch tragfähigen Rücken, der mit einem gut ausgeprägten, weit in den Rücken reichenden **Widerrist** beginnt. Der Widerrist ist sicherlich eines der größten Probleme, die sich beim Kaltblut bei der Verwendung als Reitpferd ergeben. Meist ist er anatomisch schwach ausgeprägt. Durch zu viel Fett anstatt Muskulatur führt das oft zu einer katastrophalen Sattellage. Dieses Problem kann man zwar durch Training und Muskelaufbau abschwächen, aber niemals ganz auslöschen. Hier macht es sich wirklich bezahlt, bei der Auswahl des Pferdes auf die Ausprägung des Widerristes zu achten. Wenn auch der Verwendungszweck »Reiten« eher nicht das Zuchtziel der

Kaltblutrassen ist, gibt es hier doch deutliche Unterschiede!

In der **Hinterhand** wünschen wir uns gerade bei den leichteren Kaltblutrassen eine eher lange, leicht abgezogene, breite, kräftig und tief bemuskelte sowie leicht gespaltene Kruppe. Da die Hinterhand ja bekanntlich der Motor des Pferdes ist, sind die Kaltblüter meist recht gut in der Lage, daraus Tragkraft sowie Schub und Schwung zu entwickeln.

Des Weiteren muss man sehr genau auf die Beine, das heißt **Gelenke und Hufe** schauen (siehe auch Kapitel Hufpflege!). Stellungsfehler wirken sich bei allen Pferderassen negativ auf die reiterliche Nutzung aus, denn es kommt dadurch zu einem frühzeitigen Verschleiß. Bei einem Kaltblutpferd wiegt es – im wörtlichen Sinne – noch schwerer, da wesentlich mehr Gewicht darauf lastet.

Wie aus einem Kaltblut ein »richtiges« Reitpferd wird, erzählt die folgende Geschichte.

»Hallo, ich bin Vitus, ich wurde 2009 geboren und ich bin ein echtes Süddeutsches Kaltblut. Ich will euch kurz etwas über mich und mein Frauchen erzählen: Wie ich zu meinem Frauchen kam oder sie zu mir und wie ein Kaltblut ein richtiges Reitpferd wird – das können viele gar nicht glauben. Mein Frauchen hatte vor gut sechs Jahren einen Reitunfall. Nach diesem Unfall war da plötzlich die Angst vorm Reiten, speziell vor dem Galopp. Gott sei Dank aber hat sie sich nicht entschieden, den Reitsport an den Nagel zu hängen, sondern sie hat tatsächlich beschlossen, sich ein eigenes Pferd zu kaufen. Mit der Hand im Gips hatte sie genügend Zeit, nach der geeigneten Pferderasse zu suchen. Ruhig und ausgeglichen sollte das Pferd sein, und diese beiden Eigenschaften konnten nur zu einem Kaltblut führen. Durch Zufall ist sie so auf den Freiberger gestoßen. Der Freiberger ist eine leichte Kaltblutrasse, die in der Schweiz gezüchtet wird. Bei ihren Recherchen zu den Freibergern hat sie den Bossli entdeckt und nach reiflichen Überlegungen gekauft. Fast ein Jahr später komme ich, der Vitus ins Spiel. Mein Frauchen hat mich zum ersten Mal auf der Weide gesehen, da war ich zwei Tage alt. Sie ist dann regelmäßig, fast täglich auf dem Weg zum Bossli bei mir vorbeigekommen. Wir schweren Jungs haben es ihr echt angetan und fünf Monate später gehörte ich tatsächlich dazu. Wer weiß, wo ich sonst gelandet wäre! Bossli kannte ich damals noch nicht und es sollte auch noch gut zwei Jahre dauern bis zum ersten Kennenlernen. Ich kam zuerst in den Fohlenkindergarten, sprich in die Hengstaufzucht. Da waren lauter schmächtige Kerlchen, die ich alle mit meinem Gewicht beeindrucken konnte. Mir wurde bereits sehr früh nachgesagt, ich sei nicht besonders mutig, aber sehr sensibel für meine Rasse. Mein Frauchen sollte noch zu spüren bekommen, was genau damit gemeint war.

Als ich gut zwei Jahre alt war, wollte sie mich von der Weide holen und hat mir dabei leider einen Klaps zu viel auf den Hintern gegeben. Da bin ich einfach mal »auf und davon«. Mit meinem Gewicht auch kein Problem und damit war sie geboren: »Meine Masche«, einfach zu gehen, wenn es mir zu

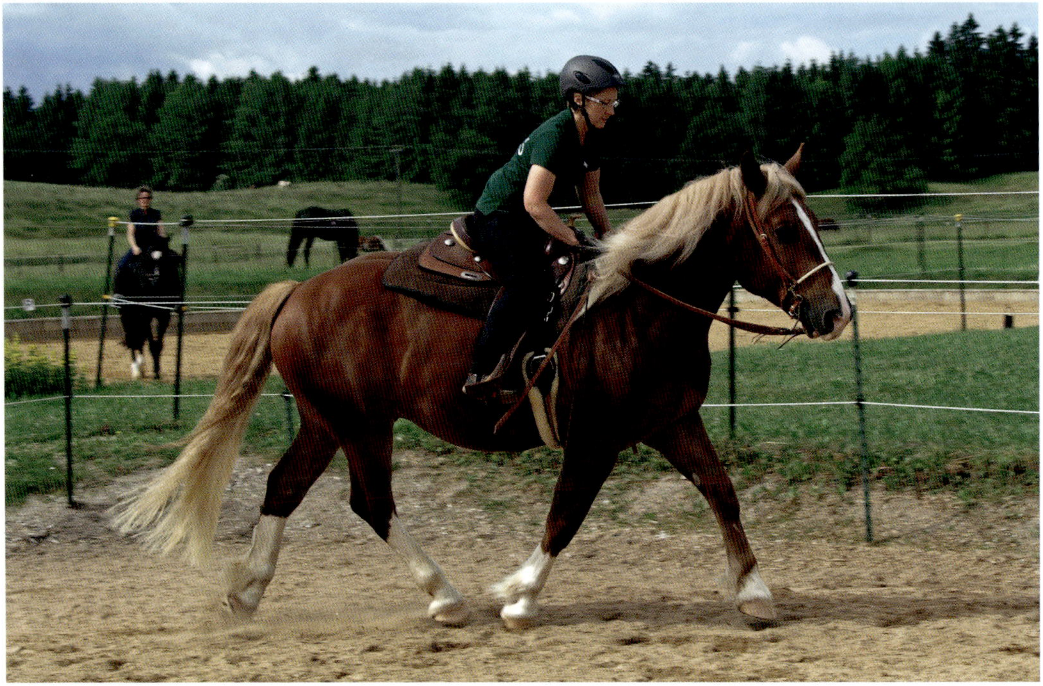

Vitus und Monika.

viel wurde. Mit zweieinhalb Jahren durfte ich umziehen, und ich bin in den Stall zu Bossli gekommen. Jetzt sollte auch langsam meine Erziehung in Richtung Reitpferd beginnen und so hat mein Frauchen angefangen, Bodenarbeit mit mir zu machen. Wie sollte es auch anders sein: Wenn ich wieder mehr Angst als Vaterlandsliebe hatte, bin ich halt »auf und davon«. Meine Masche wurde aber meinem Frauchen bald zu viel. Da ja sicher war, dass ich noch größer und kräftiger werde, musste dagegen etwas unternommen werden. Mein Frauchen hat sich also lange und gut überlegt, wer ihr bei meiner Erziehung zur Seite stehen kann. Es sollte auf jeden Fall ein/e Trainer/-in sein, der/die Erfahrung und vor allem auch die Liebe zu uns Kaltblütern besitzt. So bin ich also im August 2012 ausgezogen, um dort meinen »Mut« zu finden.

Zwei wichtige Menschen, die mir seitdem dabei helfen, sind meine Ausbilderin Petra Dürr und mein Frauchen, die Gott sei Dank sich dafür entschieden hat, den Weg trotz meiner Masche weiter mit mir zusammen zu gehen. Bei Petra habe ich dann in den ersten vier Wochen durch Bodenarbeit die ersten Schritte zu mehr Selbstbewusstsein gelernt. Sie hat mir in die »Wanderschuhe« hineingeholfen, ein selbstbewusstes Jungpferd zu werden. Nach der erfolgreichen Bodenarbeit sollte ich auch noch lernen, einen Zweibeiner zu tragen. Die nennen das ja »Reiten«. Da ich inzwischen schon cooler geworden

bin, war das eigentlich gar kein Problem mehr für mich. Mein Frauchen war sehr erstaunt, als sie bereits vier Tage nach Beginn meiner Reitpferdeausbildung die erste Reitstunde auf mir bekam. Vier Wochen später konnten wir schon den ersten Galopp im Roundpen wagen. Cool, oder?
Für ein Kaltblut bin ich echt flott unterwegs und es macht auch richtig Spaß. Mit meinen Frauchen trabe ich jetzt munter zu Hause durch die Halle. Die Kommandos zum Stehenbleiben und Tempowechsel klappen schon sehr gut, sowohl unterm Sattel als auch in der Freiarbeit. Mein Frauchen und Petra können bestätigen, dass ich bisher unter dem Sattel super brav war und noch immer bin, und dass ich mich echt bemühe, alles richtig zu machen und nicht mehr abhaue, wenn es mir zu viel wird. Den Galopp in der Halle und dann später im Gelände bekommen wir prima hin. Mit dem Bossli ist unser Frauchen ohnehin flott im Galopp unterwegs. Und wenn ich den Gerüchten glauben darf, kann auch ich später mal dressurmäßig geritten werden. Einige werden sicher noch staunen, was aus mir für ein super-verlässliches Reitpferd werden wird.
Liebe Grüße – Euer Vitus«

In die Praxis

Ein Kaltblutpferd neigt dazu, alles was ihm schwerfällt, auch mit Schwerfälligkeit zu quittieren. Übersetzt heißt das: Je mehr ich versuche, das Pferd vorwärts zu bekommen, umso langsamer wird es. Je mehr das Pferd durch mangelnde Rückentätigkeit belastet wird, umso weniger Schwung hat es. Allerdings kann der Schuss dann nach hinten losgehen, wenn ich versuchen würde, den Vorwärtsdrang zum Beispiel nur mit Zügeleinsatz regulieren zu wollen. Dann setzt der Kaltblüter gerne seine Kraft ein, indem er etwa die Halsmuskulatur anstrengt oder den Kopf fallen lässt und dann »auf dem Gebiss liegt« oder sogar aktiv dagegen geht und unkontrolliert davonstürmt. Da hat ein Mensch mit seiner Muskelkraft nichts entgegenzusetzen.

Sitz und Einwirkung

Ein grundsätzliches Ziel bei der Kaltblüter-Ausbildung genauso wie bei der Ausbildung aller anderen Pferderassen ist, dass sie locker »über den Rücken« laufen sollen. Um das zu erreichen, beginne ich die Ausbildung im sogenannten **Sicherheitsentlastungssitz.** Dieser Sitz ist eine Variante des effektiven leichten Sitzes und ent-

Rolf Becher (*1906, †2002)

Rolf Becher war ein erfolgreicher Berufsreiter, dessen fundiertes Fachwissen u.a. auf die Kavallerieschule Hannover zurückging. In Theorie und Praxis entwickelte er eine natürliche Ausbildungsmethode – das Chiron-System – nach den Vorbildern des italienischen Offiziers Federico Caprilli und Oberst Flotow, von dem er als junger Reiter gelernt hatte. Schwerpunkt dieser Ausbildung sind Vertrauen und Harmonie zwischen Pferd und Reiter. Dies ermöglicht dem Pferd so viel Selbstständigkeit, dass es gern und motiviert zu besseren Leistungen fähig ist als unter Zwang.

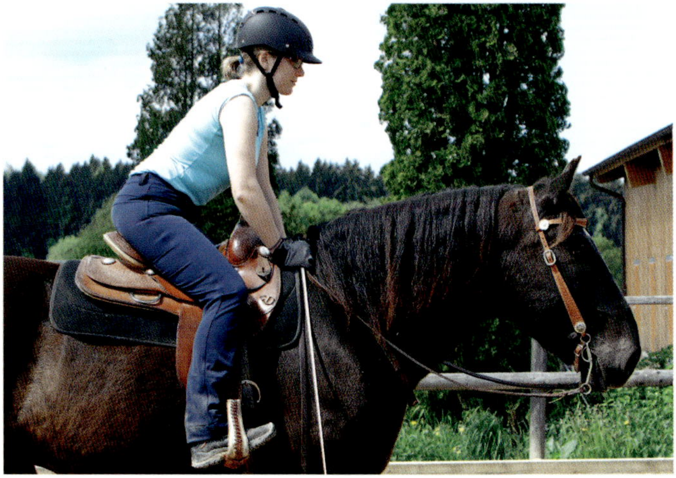

Die am Widerrist aufgestützten Hände des Reiters verhelfen ihm zu einer Stabilität, ohne das Pferd im Rücken zu stören.

stammt der natürlichen Ausbildungsmethode von Rolf Becher. Aus dieser Methode und insbesondere auch durch das klassische Westernreiten entwickelte sich mein System »Einfach reiten«. Es übersteigt die Kapazität dieses Buches, hier genauer einzusteigen. So kann ich an dieser Stelle nur eine kleine Abhandlung als Gedankenanstoß aufführen.

Im Sicherheitsentlastungssitz verändert sich das Fundament des Reiters im Vergleich zum aufrechten Sitz dahingehend, dass die senkrechte Falllinie nun aus Schulter-Knie-Bügeltritt besteht. Hierfür muss ich die Bügel, je nach Körpergröße, um einige Löcher verkürzen, wodurch sich die Winkel unseres Körpers verändern und so ein neues Fundament entsteht. Gebildet wird dieses stabile Fundament durch das Aufstützen der Hände am Widerrist des Pferdes, das Abkippen des Oberkörpers aus dem Hüftwinkel und der zurückgeschobenen Hüfte. Gleichzeitig muss das Gewicht vom Gesäß in den Bügel verlagert werden. Dieser wird gut durchgetreten, was bedeutet, dass der Fuß nicht mit dem Fußballen, sondern – je nach Fußgröße – fast bis zum Absatz durchgetreten wird. Dabei ist es ganz wichtig, auf die senkrechte Linie Knie-Wade-Fuß zu achten. Meine Erfahrung zeigt, dass im Sicherheitsentlastungssitz der Reiter schnell ein sehr ausgeprägtes Gefühl für sein Gleichgewicht und die Bewegungsabläufe des Pferdes entwickelt. Die aufgestützten Hände helfen dem Reiter bei den noch unregelmäßigen Bewegungen des nicht ganz ausbalancierten Pferdes, stabil zu bleiben, ohne das Pferd im Rücken oder im Maul zu stören – daher dieser etwas sperrige Name. Dies trägt enorm dazu bei, dass unser Kaltblut frei und locker »über den Rücken« zu laufen beginnt, und dabei ruhig und entspannt bleibt. Lernt das Pferd nun, rhythmisch und schwungvoll vorwärts-abwärts zu laufen, kann es ungehindert seine Rückenmuskeln (insbesondere den langen Rücken-

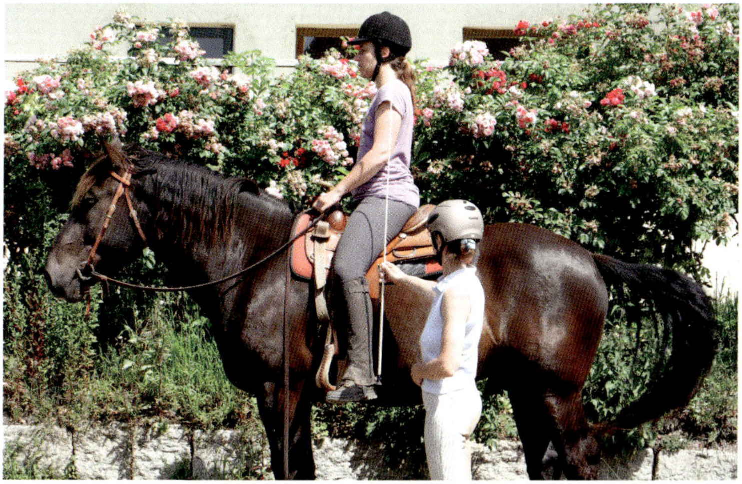

Nach der Grundausbildung kann der Reiter den aufrechten Sitz einnehmen – Voraussetzung: Das Pferd ist gut ausbalanciert und der Reiter hat einen elastischen Sitz.

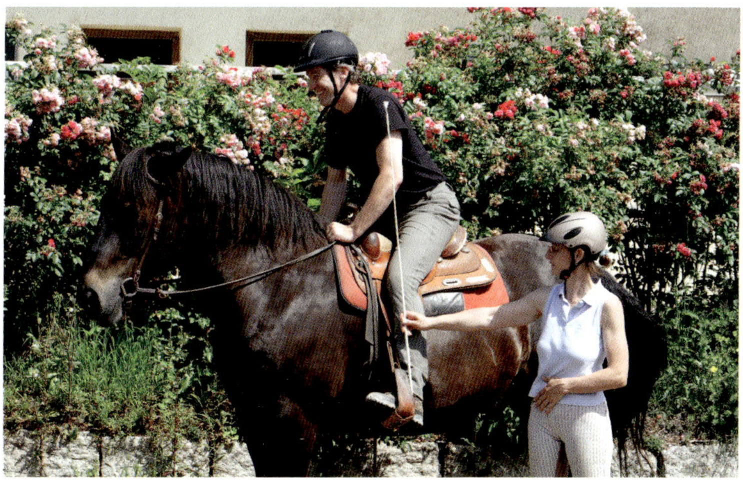

Der Sicherheitsentlastungssitz ist eine Variante des effektiven leichten Sitzes – die Gerte beschreibt die gedachte Linie des Fundaments Schulter-Knie-Bügeltritt.

muskel links und rechts von der Wirbelsäule) aufbauen. Denn der Rücken ist die Verbindung von der Hinterhand zur Vorhand. Alle Blockaden, die hier entstehen können, führen zur direkten Übertragung auf die Hinter- und Vorderbeine des Pferdes und damit oftmals zu einem verfrühten Verschleiß. Und hier sollte man bitte nicht glauben, dass Kaltblüter dank Ihrer Masse dafür unempfindlicher wären. Im Gegenteil: Durch ihr Gewicht und Volumen fallen Fehlbelastungen besonders deutlich – wiederum wortwörtlich – ins Gewicht.

Ich bedauere es aufrichtig, dass der Sicherheitsentlastungssitz, wie ihn Rolf Becher uns gelehrt hat und wie ich ihn an meine Schüler weitergebe, so umstritten ist. Die Gegenstimmen beruhen auf Fehlinterpretationen und Missverständnissen: Stimmen die Winkelfunktionen, insbesondere Hüft- und Kniewinkel nicht und sind die Hände nicht am Widerrist aufgestützt, ist der Sitz einwirkungslos und kann zu Recht abgelehnt werden. Beachte ich die Linie Schulter-Knie-Bügeltritt und die zurückgeschobene Hüfte, ist automatisch das Fundament in Ordnung. Das Hauptargument, dieser Sitz ginge auf die Vorhand, weil der Reiter vornüber hängt, wird damit außer Kraft gesetzt.

Der ein oder andere mag sich wundern, warum ich bisher so wenig über den allgemein praktizierten Dressursitz bzw. den Horsemanship-Sitz der Westernreiter gesprochen habe. Meiner Meinung nach sollte gerade beim Kaltblut die Ausbildung stark lösungsgymnastisch betont sein. Hier ist das Reiten im Sicherheitsentlastungssitz für nicht so erfahrene Reiter von großem Vorteil. Sobald in der Grundausbildung des Pferdes die Losgelassenheit erreicht ist, kann sich der Reiter natürlich mit Dressurlektionen befassen. Wichtig ist allerdings, dass der Reiter elastisch genug sitzen kann. Muss er sich dagegen noch krampfhaft festhalten und/oder das Pferd schwingt noch nicht locker über den Rücken, ist der Zeitpunkt für einen sogenannten Vollsitz noch nicht gekommen.

Der hilfreiche Einsatz einer Gerte

Im Fall eines eher trägen, nicht so bewegungsfreudigen Pferdes beginne ich immer zuerst, mit viel Schwung im Schritt vorwärts zu reiten. Wichtig ist hier nicht ein permanenter, treibender Schenkel, sondern den vorhandenen Schwung unter Einsatz einer Gerte unterstützend zu verbessern. Dies darf durchaus auch einmal deutlicher ausfallen. Es ist immer besser, eine Hilfe und

Der Anfang ist immer ein schwungvoll vorwärts gerittener Schritt – die Gerte kann dabei hilfreich unterstützen.

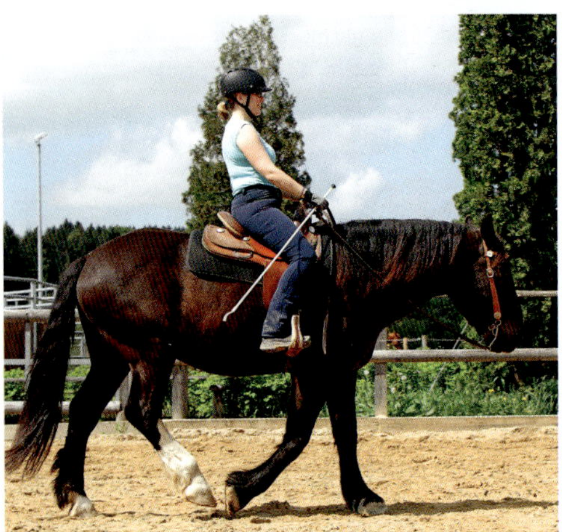

Mit langem Zügel gut vorwärts schreiten: Dadurch erhält der Reiter die Nickbewegung des Pferdekopfes, um die Balance des Pferdes nicht zu stören.

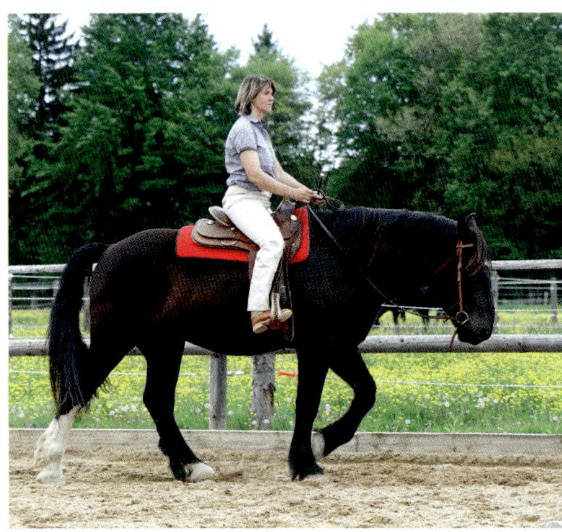

deren Verstärkung in deutlichen Intervallen zu intensivieren. Es gilt immer die Dreier-Regel: Erste Hilfe fein und sanft, zweite Hilfe eine deutliche Verstärkung und spätestens beim dritten Mal muss das Pferd verstanden und akzeptiert haben, dass die Hilfe umgesetzt werden muss. Eine dauerhafte, immer wiederkehrende Hilfe stumpft sehr schnell ab. Nicht selten habe ich festgestellt, dass die Pferde oft richtig sauer werden, wenn sie ständig mit dem Schenkel oder auch halbherzig mit der Gerte »belästigt« werden, aber eigentlich gar nicht wissen, was sie umsetzen sollen. Jetzt kommt übrigens das richtige Verständnis der Biomechanik des Pferdes zum Tragen: Eine treibende Hilfe ist für das Pferd nur verständlich, wenn sie mit dem entsprechenden Hinterbein in der Phase des Abfußens korrespondiert. Eine schöne Übung für einen Reitanfänger, aber auch für andere Reiter: Benennen Sie das Bein, das gerade auf- oder abfußen wird. Wenn Sie dieses »Einmaleins« des Reitens mit Ihrem »Popometer« spüren, können Sie jede Hilfe auch wirklich verständlich für das Pferd anwenden.

Erste Aufgabe: Zügel lang und vorwärts schreiten!

Da ich dem Pferd in der Bodenarbeit schon die Bedeutung und das Verständnis der Gerte gezeigt habe, ist sie jetzt eine unersetzliche Hilfe, um dem Pferd die Schenkelhilfe verständlich beizubringen. Entscheidend ist in diesem Lernabschnitt allerdings, dass der Zügel lang ist und das Pferd auch wirklich frei vorwärts schreiten kann. Allzu oft wirkt hier ein angenommener Zügel vergleichsweise wie eine angezogene Handbremse. Um im Schritt schreitend vorwärts zu gehen, muss das Pferd mit Kopf und Hals eine deutliche Nickbewegung ausführen können. Dies ist entscheidend für die Balance, vergleichbar mit der Pendelbewegung unserer Arme, wenn wir Menschen einen flotten Schritt gehen. Ist dies durch zu kurze Zügel nicht möglich, wird das Pferd durch ständige Eigenparaden im Pferdemaul buchstäblich selbst ausgebremst! Deshalb eignet sich gerade bei unseren Kaltblutpferden die klassische Zügelführung (nach FN) nicht wirklich. Hier sollen die Zügel gleichmäßig und beständig Kontakt zum Pferdemaul halten. Das Problem dabei ist, dass diese feine, gefühlvolle Reiterhand, die exakt mit dem Pferd mitgeht, ohne den Vorwärtsschwung zu nehmen, von einem Reiter nur durch langjährige Erfahrung zur Perfektion reifen kann.

Übergänge reiten ist hilfreich

Jetzt kommt die nächste Herausforderung: Übergänge aus dem Schritt zum Halt und aus dem Trab zum Schritt. Hier werden wir gleich mit dem nächsten Vorurteil konfrontiert: Kaltblüter sind hart im Maul und reagieren unsensibel auf Zügelhilfen. Auch dieser Mythos ist so nicht haltbar. Allerdings verwende ich in der Grundausbildung von unseren Kaltblütern zumeist doppelt gebrochene Gebisse mit Anzügen (= Snaffle with Shanks), die man aus dem Westernreiten kennt und stelle gegebenenfalls später auf eine normale Wassertrense um. In der herkömmlichen Jungpferdeausbildung wird es meist in umgekehrter Reihenfolge praktiziert. Warum ist das beim Kaltblut anders? Kaltblüter reagieren gemäß ihrer Erbanlage etwas träger. Versteht ein »Dicker« die von ihm geforderte Aufgabe nicht, setzt es manchmal aus der Not heraus und aus Unverständnis seine Kraft ein. Das heißt dann, das einfache Prinzip vom »Druck ist Gegendruck« und »Zug ist Gegenzug« wird hier oft sehr deutlich zum Ausdruck gebracht. Für die Ausbildung spielt es keine Rolle, wie ein Pferd »reagiert«. Entscheidend ist, dass der Mensch die Hilfen so gestaltet, dass das Pferd sie versteht und umsetzen kann.

Ein Kaltblüter reagiert nicht so, weil er hart und stur ist, sondern weil er – wie häufig andere Pferde auch – die Aufgabenstellung nicht verstanden hat oder nicht umsetzen kann!

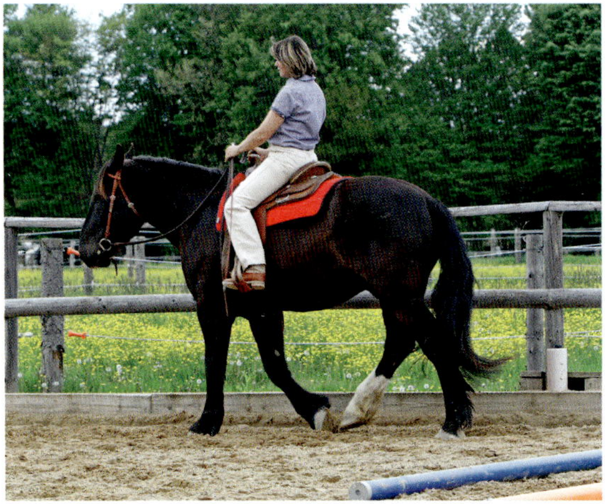

Fleißigen Schritt vorwärts reiten.

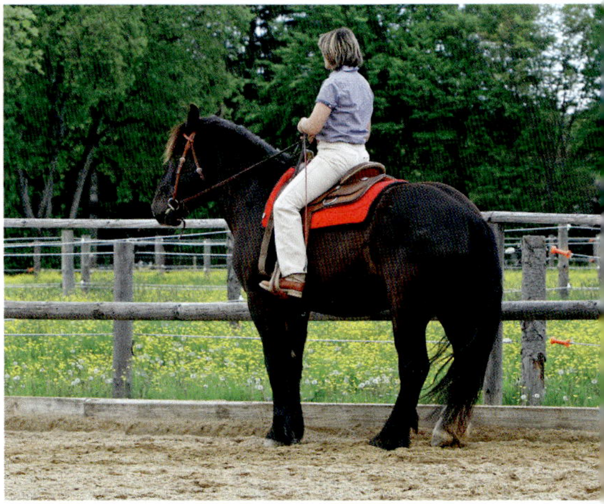

Konsequentes Anhalten aus dem Schritt.

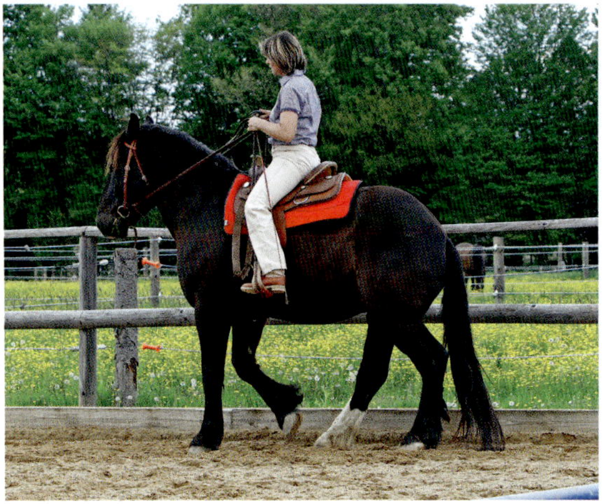

Aus dem Anhalten gerade rückwärts treten.

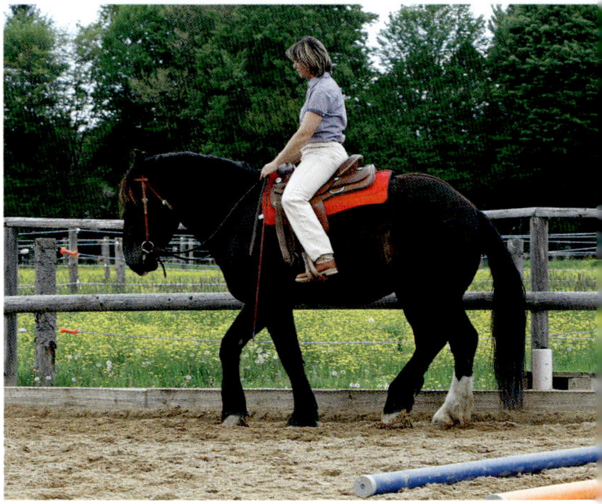

Aus dem Rückwärts mit Schwung erneut ins Vorwärts.

Im weiteren Verlauf dieser Ausbildungsphase reite ich viele Übergänge und achte darauf, dass mein Pferd am Zügel nachgiebig wird. Übergange reiten erhöht die Aufmerksamkeit des Pferdes und aktiviert die Hinterhand auf natürliche Art und Weise, ohne dass das Pferd lernt, sich aufs Gebiss zu legen. Zum Anhalten und Durchparieren benutze ich grundsätzlich zuerst nur Körpersprache und Stimme, keinesfalls gleichzeitig den Zügel. Kommt der Zügel zu früh, assoziiert das Pferd sofort: Stimme heißt »am Zügel ziehen« und unser Kaltblüter setzt wieder seine ganze Kraft ein, weil er etwas falsch verstanden hat. Passiert das beim Durchparieren oder Anhalten dennoch, das heißt, ich habe das Gefühl, mein ganzes Pferd »liegt« auf dem Zügel, lasse ich es anhalten und rückwärts treten. Ich verlange also nicht nur ein konsequentes Anhalten, sondern zwei bis drei Tritte ins Rückwärts. Damit verlagere ich das Gewicht des Pferdes von der Vorhand (= auf den Zügel legen) auf die Hinterhand. Hierbei sollte man aufrecht im Sattel sitzen, je nach Sicherheit der Pferd-/Reiterkombination mit oder ohne Bügel. Durch den aufrechten Sitz fällt es mir als Reiter leichter, dem eventuellen Widerstand des Pferdes am Gebiss standzuhalten, ohne nach vorne gezogen zu werden. Dabei darf ich keinesfalls gleichzeitig mit dem Schenkel drücken. Dies wäre kontraproduktiv, da der Schenkel in erster Linie fürs Pferd vorwärtstreibend wirkt. Legt sich der »Dicke« aber eh schon aufs Gebiss, muss er erst mal lernen, dem Gebissdruck nach hinten zu weichen und hier wäre der vorwärts treibende Schenkel nur verwirrend und führt zu verstärktem Widerstand. Aus dem Rückwärts reite ich sofort wieder mit impulsartigem Schenkeldruck und – falls nötig – mit Gertenhilfe energisch vorwärts. Habe ich »aus Schritt anhalten« abgefragt und das Pferd reagiert zu langsam oder geht gegen den Zügel, ist die Übung »Schritt-Rückwärts« und dann »Schritt-Stopp« angebracht. Später verfahre ich ähnlich, wenn ein Pferd nicht zügig vom Trab zum Schritt durchpariert: Trab-Rückwärts-Trab-Schritt. Dies wiederhole ich so oft, bis das Pferd in der gewünschten Weise reagiert. In der Ausbildung des Pferdes gibt es ein paar wichtige Regeln: Die Reiterhilfen sollten immer ruhig und ohne Emotionen angewendet werden. Und: Der Reiter macht sofort eine Pause und lobt das Pferd, wenn es etwas richtig gemacht hat. Diese Pausen dienen als Positivverstärkung. Natürlich ist die Reihenfolge der Übungen sehr wichtig:

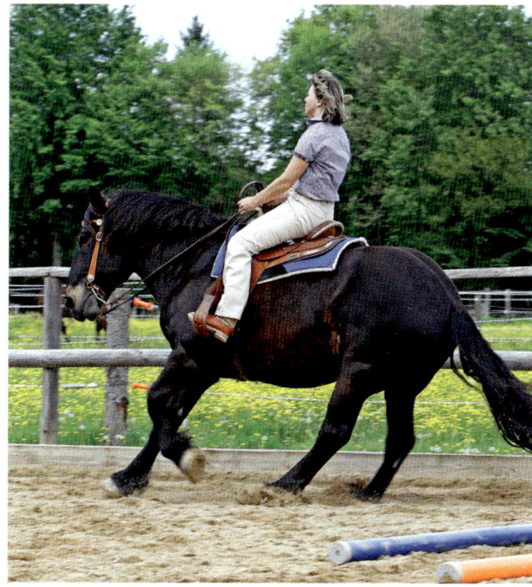

Bei einem systematisch aufgebauten Training kann ein Kaltblüter ohne Weiteres aus dem Galopp auf der Hinterhand stoppen.

Zuerst muss Schritt-Stopp funktionieren und wenn das Pferd diese Lektion verstanden hat, kann man es mit den nächst schnelleren Gangarten versuchen. Systematisch aufgebaut lernt so auch ein Kaltblüter, auf der Hinterhand zu stoppen und das sogar aus dem Galopp (siehe S. 61)!

Verschiedene Zügelhilfen

Zu den Zügelhilfen im Allgemeinen möchte ich sagen, dass es fast keine Zügelhilfe ohne Schenkelhilfe gibt. Eine weitere Regel heißt: Wird der Zügel zu anhaltend eingesetzt, stumpft jedes Pferd sehr schnell ab und es wird sich dagegen wehren.

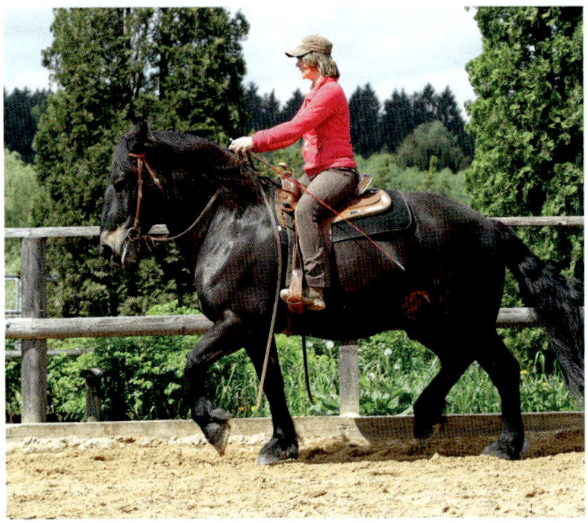

Funktionieren die Übergänge im Schritt, trainiere ich diese Reihenfolge im Trab.

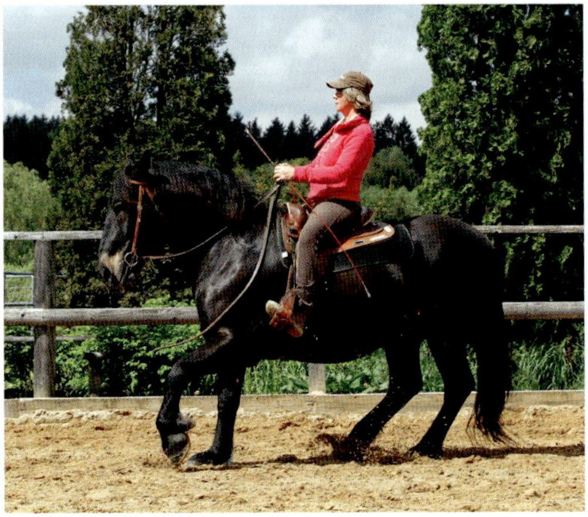

Ein ausbalancierter Sitz hilft dem Pferd, das Gewicht auf die Hinterhand zu verlagern, nach dem Anhalten verlange ich ein bis zwei Tritte rückwärts.

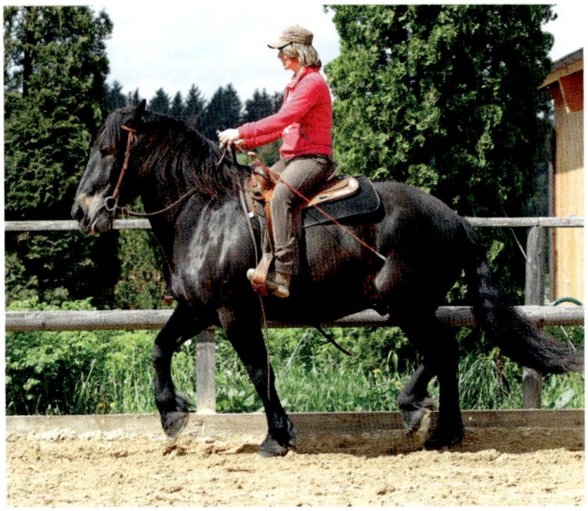

Aus dem Rückwärts reite ich sofort energisch vorwärts. Die Hankenbiegung zeigt, dass das Pferd wieder schwungvoll antritt.

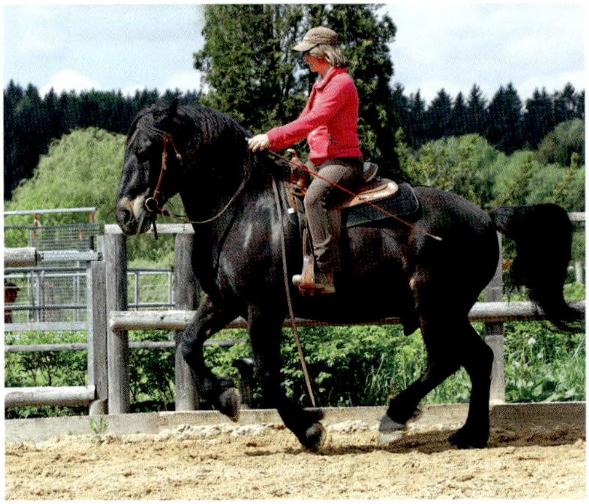

Im fortgeschrittenen Stadium kann unser »Dicker« aus dieser Übung auch angaloppieren.

Zügelhilfe 1: Beide Hände bleiben gleichmäßig stehen zum Reduzieren des Tempos, Anhalten oder Rückwärtsrichten. Erst wenn das Pferd nicht reagiert, gehen sie gleichmäßig rückwärts. Hier ist es wichtig, dass vorher der vorwärtstreibende Schenkel für den nötigen Schwung gesorgt hat, sonst landet das Pferd immer auf der Vorhand!

Zügelhilfe 2: direkter Zügel. Diesen verwende ich zum Abwenden. Wichtig ist, dass dabei der Schwung, sprich das Tempo, nicht verloren geht. Mit der inneren Hand führe ich den Zügel seitlich vorwärts (auf gar keinen Fall rückwärts) vom Pferdehals weg. Die äußere Hand geht dazu parallel zur inneren mit dem Zügel an den Pferdehals. Sie darf keinesfalls über den Mähnenkamm gezogen werden, da sie dadurch genau das Gegenteil bewirken würde, nämlich in die andere Richtung ziehen würde. Im Entlastungssitz verwende ich hier die sogenannte drückende und öffnende Hand, d.h. die äußere Hand drückt gegen den Hals, die innere öffnet seitlich vorwärts.

Zügelhilfe 3: indirekter Zügel. Diese Hilfe verwende ich zum Beispiel, um das Pferd in die Ecken zu reiten oder um zu verhindern, dass das Pferd im Zirkel auf die innere oder äußere Schulter drückt. Hierfür nehme ich die innere Hand leicht nach oben und den Zügel an den Pferdehals (keinesfalls nach hinten oder über den Mähnenkamm ziehen, das nimmt dem Pferd jeglichen Schwung). Die äußere Hand bleibt parallel zur inneren etwas tiefer und führt den Zügel leicht vom Hals weg. Im Entlastungssitz geht hier ebenfalls die äußere Hand mit dem Zügel vom Hals weg, während die innere Hand etwas höher gegen den Pferdehals drückt.

Eine weitere wichtige Regel: Jede Zügelhilfe impulsartig ausführen; denn entsteht ein länger anhaltender Zug, quittiert unser Kaltblüter das sofort mit entsprechendem Gegenzug! Als positives Ergebnis möchte ich ein Pferd, das bei leichtem Annehmen des Zügels und der korrekten Einwirkung aus dem Sitz des Reiters zügig durchpariert.
Ist ein Kaltblut in den Wendungen etwas schwerfällig oder versucht es gar, sich mit Gegenzug in die andere Richtung zu befreien, ist es unbedingt notwendig, dass zuerst der Reiter ausschließt, dass dieses »Missverständnis« aufgrund eines Sitzfehlers entstanden ist. Ich mache in meinem Unterricht immer wieder die Erfahrung, dass die Reiter oftmals in der Wendung durch falsche Handhaltung (Nach-hinten-Ziehen der inneren Hand) in der Hüfte abknicken und dadurch ihr Gewicht unbewusst nach außen verlagern. Hier ist es natürlich fatal, wenn dann versucht wird, das Pferd zu korrigieren und der Reiter nicht bemerkt hat, dass er selbst Mitauslöser des Problems war!

Nächste Übung: Wendungen

Um unsere Kaltblüter geschmeidig für die Wendung zu machen, lehre ich Ihnen schon am Anfang der Ausbildung, dem inneren »direkten« Zügel nachzugeben. Dazu fasse ich den inneren Zügel deutlich nach, und ziehe (nicht zaghaft, aber vorsichtig und mit Gefühl) solange einseitig an dem Zügel, bis ich merke, das Pferd gibt dem Druck nach. Dann gebe ich als Positivverstärkung diesem Druck nach und lasse das Pferd wieder langsam aus der Biegung heraus. Kommt das Pferd bei dieser Übung erst einmal zum Stehen, ruhig stehen lassen und im Stand langsam den Druck reduzieren, bis der Hals wieder gerade ist. Dann im Schritt in eine leichte Wendung losreiten. Dies mache ich auf beiden Seiten. Allerdings immer zuerst ein paarmal zunächst die rechte Seite, dann erst wieder geradeaus schwungvoll vorwärts reiten und anschließend die linke Seite. Durch diese Übung kann ich schnell feststellen, welche Seite die steifere und welche die »hohlere«, das heißt nachgiebigere Seite ist. Diese Übung ruhig und ohne viel Druck ausgeübt, ist – neben der Durchlässigkeit auf den Zügel – eine hervorragende Übung zur Dehnung der Hals- und Rippenmuskulatur. Immer die der Biegung entgegengesetzte Seite wird dadurch gedehnt. Als Folge dieser Übung geht das Pferd nach einigen Wiederholungen selbstständig in die Dehnungshaltung, was gerade bei den Pferden, die noch nicht im Genick nachgeben, ein sehr positiver Nebeneffekt ist. Denn lernt das Pferd erst einmal, einseitig dem Zügeldruck nachzugeben, ist es im Anschluss relativ einfach, dass das Pferd auch auf beidseitigen Zügeldruck im Genick nachgibt und sich somit leicht an den Zügel stellen lässt. Wichtig ist hierbei wieder, dass immer ein rhythmisches Vorwärts nach dem Biegen angestrebt werden muss. Ansonsten verliert unser »Dicker« jeglichen Schwung und die Übung ist wertlos. Ebenso ist es von großer Bedeutung, dass der Reiter bei der Übung zentriert in der Mitte sitzen bleibt und nicht durch das Ziehen am inneren

Zug ist gleich Gegenzug! Bei einem zu lang anhaltenden Zug am Zügel wird unser Kaltblüter mit Kraft dagegen halten.

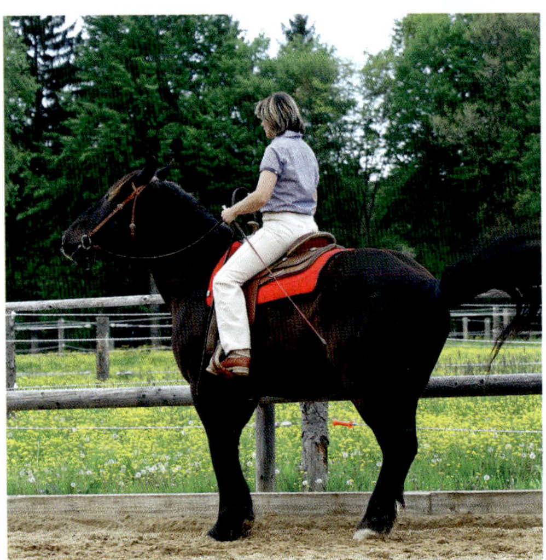

Daher Zügelhilfen bitte nur impulsartig ausführen, das Ergebnis ist ein williges Mitarbeiten.

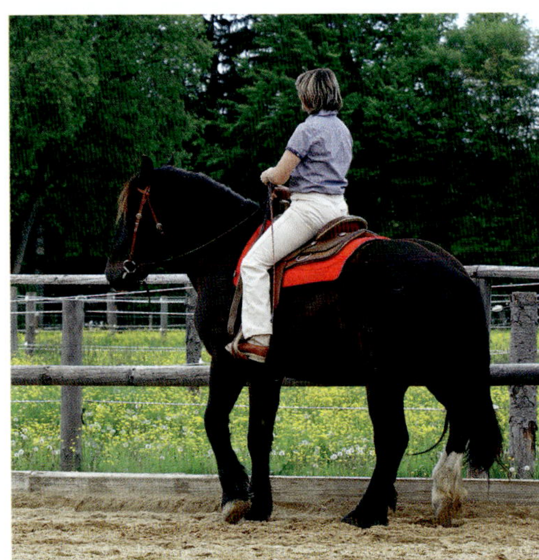

Zügel in der Hüfte einknickt und mit dem Gewicht nach außen rutscht. Dies würde das Pferd, das in diesem Stadium der Ausbildung selbst noch nicht ausbalanciert ist, empfindlich in seinem Gleichgewicht stören und dadurch viel Widerstand hervorrufen.

Treibende und verhaltende Hilfen

Was kann ich tun, um mein Pferd zu motivieren und besser ins Vorwärts zu bekommen? Oder die andere Variante: einen unkontrollierten Vorwärtsdrang in den Griff bekommen. Die zwei Zauberwörter heißen: Abwechslung und die richtige Mischung im Ablauf des Trainings. Hierfür trainiere ich das Vorwärts in den schwungvollen Gangarten Trab und Galopp zuerst ausschließlich im Sicherheitsentlastungssitz. Wichtig ist es, dass der Reiter ein korrektes Fundament erlernt hat.

Aus der Ecke heraus fällt es dem Pferd leichter, sich zu biegen und dem Zügel zu folgen.

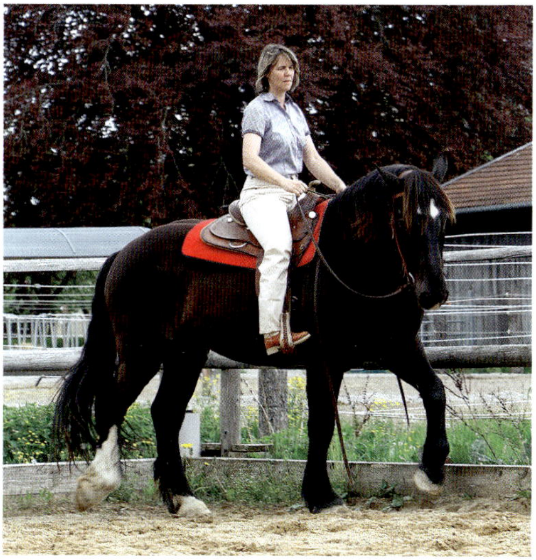

Dann wirkt in dieser Position das Kreuz des Reiters mit der am Sattel bleibenden zurückgenommenen Hüfte und durch das Fundament Knie-Wade-Fuß sehr elastisch auf die Vorwärtsbewegung, ohne dabei den Pferderücken zu belasten. Diese Kreuzeinwirkung ist vergleichsweise zum gestreckten Sitz nicht so direkt, hat aber den entscheidenden Vorteil, dass das untrainierte (oder gar verdorbene Pferd) nicht, wie beim Aussitzen durch die stark auf den Rücken wirkende vorwärts treibende Kreuzeinwirkung, den Rücken wegdrückt. Die Folgen des zu frühen Belastens der untrainierten Rückenmuskulatur sind nervliche Verspannungen und das Pferd wehrt sich mit hohem Kopf gegen die Reiterhand.

Die Volte ist eine Bahnfigur, die vom Pferd sowohl Stellung als auch Biegung verlangt. Anfangs reite ich sie aus einer Ecke heraus, um dem Pferd die Biegung zu erleichtern. Später kann man Volten überall und in Variationen reiten. Ich beginne immer mit 10-m-Volten, die ich später – dem Ausbildungsstand gemäß – bis auf 6 Meter verkleinern kann.

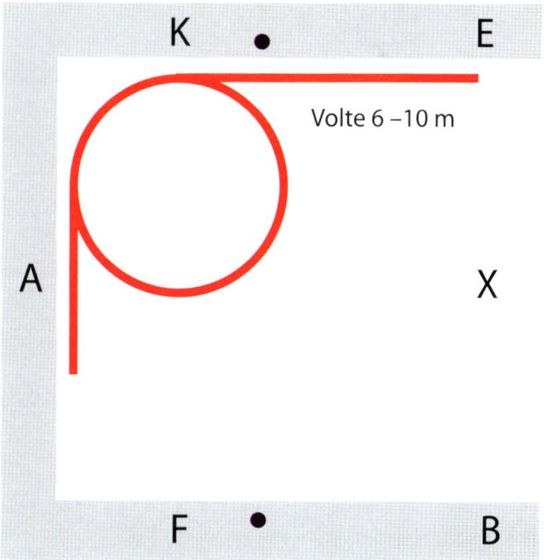

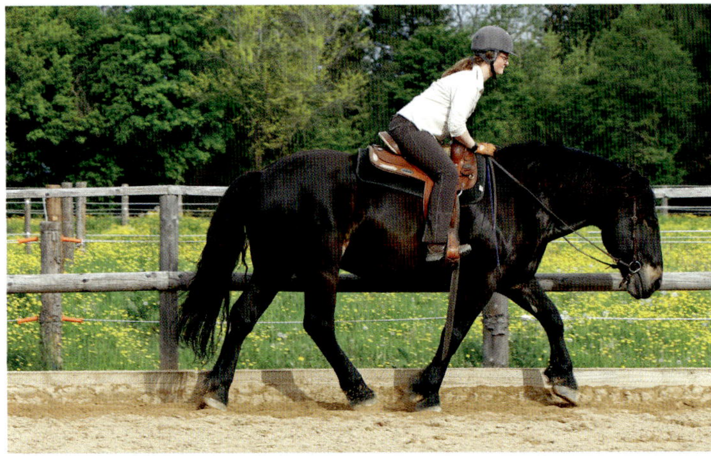

Um einem noch nicht ausbalancierten Pferd zu helfen, werden die schwungvollen Gangarten Trab und Galopp im Sicherheitsentlastungssitz geritten.

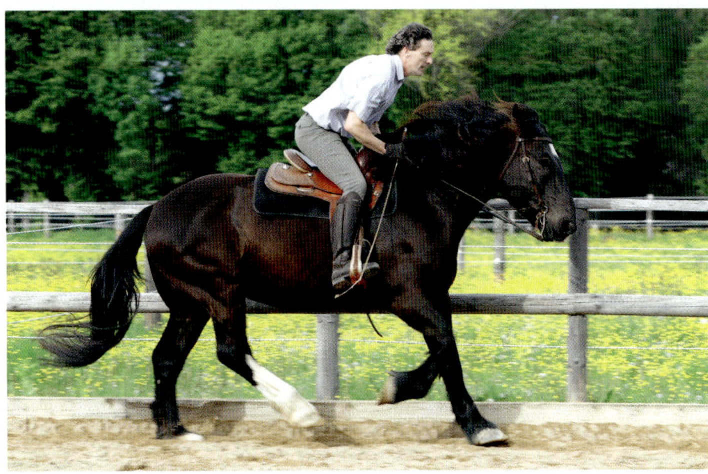

Wie schon erwähnt, ist es zu diesem Zeitpunkt des Trainings absolut wichtig, das Pferd schwungvoll vorwärts zu reiten. Gerade die Kaltblüter neigen durch ihre Masse bei Verlust des Gangschwungs deutlich dazu, auf der Vorhand zu laufen, insbesondere gilt das für den Galopp. Zudem fehlt anfangs die Kondition, darum ist es so wichtig, viele Übergänge in den drei Grundgangarten zu reiten. Das erhöht die Aufmerksamkeit und macht nicht so schnell müde. Besonders lange Galoppreprisen muss ich hier vermeiden, denn wird mein »Dicker« erst müde und fällt dann selbstständig zurück in den Trab, habe ich damit auch die Kontrolle und Einwirkung verloren. Das Pferd wird sich einprägen, dass man sich durch Ausfallen in den Trab der Anstrengung des Galopps entziehen kann. Ich achte darauf, dass meine Pferde lernen, nach entsprechender Vorbereitung sofort anzugaloppieren. Keinesfalls dürfen die Trabtritte verstärkt werden, um zu diesem

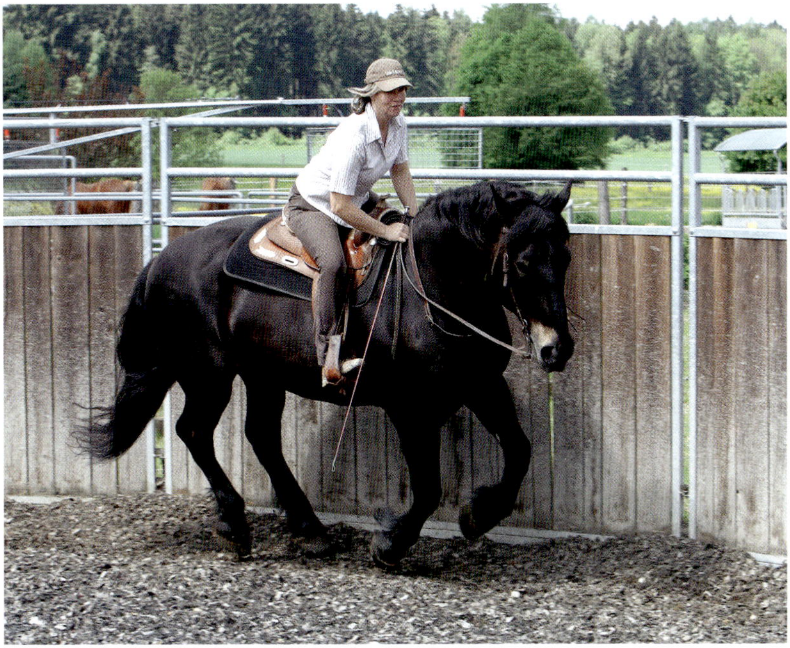

Der Roundpen ist die ideale Trainingshilfe, um unseren Kaltblüter am losen Zügel angaloppieren zu können.

Ziel zu gelangen. Das mag bei einigen Pferden aus anderen Rassen funktionieren, aber ein »Hineinjagen« in den Galopp verstärkt immer den Fluchtreflex, und sind die Kilos erst mal auf der Flucht, sind sie oft nicht mehr ganz so leicht zu bremsen!

Wie erlernt mein Pferd das »richtige« Angaloppieren?

An dieser Stelle möchte ich erst einmal ein paar grundsätzliche Gedanken zum Galopp mit unserem Kaltblutpferd anbringen: Wie schon an anderer Stelle erwähnt, ist zwar das Kaltblut an sich kein »Galopp-Pferd«, allerdings verfügen gerade die leichteren Rassen über genügend Gangvermögen, um den Anforderungen im Freizeitsport mit Leichtigkeit gerecht zu werden. Natürlich gibt es auch in den Kaltblutrassen individuelle Unterschiede, die – wie bei jedem anderen Reitpferd auch – mit den anatomischen Gegebenheiten zusammenhängen.

Beim Galopp ist es nun grundsätzlich so, dass der flott und frei vorwärtsgerittene Galopp das Pferd um ein Vielfaches weniger ermüdet als ein versammelter Galopp. Damit sind wir gleich bei einer elementaren Aufgabe im Training mit unseren Kaltblütern: Reite ich flott vorwärts, kann es leicht passieren, dass das Pferd unkontrolliert wegstürmt. Versuche ich dann, das Tempo zu drosseln beziehungsweise das Pferd »zusammenzustellen«, also zu versammeln, fehlt ihm dazu die Kraft. Es wird sofort in den Trab zurückfallen. In dieser Trainingsphase ist der Roundpen wieder

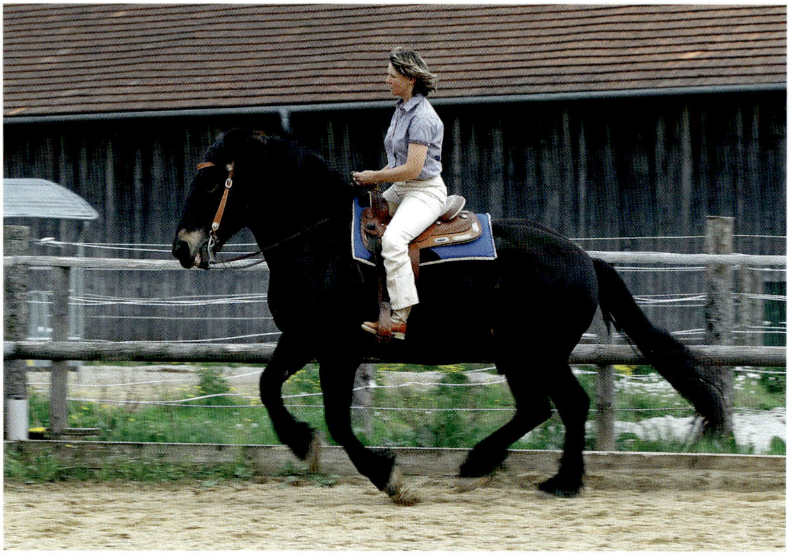

In einer Reitbahn nutze ich anfangs immer die erste Ecke der kurzen Seite zum Angaloppieren – dies hindert das Pferd, zu stürmisch nach vorne wegzurennen.

von unschätzbarem Wert. Durch das Training beim Freilaufen hat das Pferd von sich aus schon das »richtige« Angaloppieren erlernt. Dies ist ein großer Vorteil, denn zu diesem Zeitpunkt ist es dem Pferd noch nicht möglich, die Hilfengebung zum »richtigen« Angaloppieren zu verstehen. Im Roundpen kann ich das Pferd am losen Zügel angaloppieren, da ich nicht lenken muss. Entscheidend ist, dass das Angaloppieren prompt und energisch erfolgt. Dabei muss ich mich als Reiter auch mal energisch durchsetzen! Durch die Begrenzung des Roundpens macht es nichts, wenn die ersten Galoppsprünge dann etwas flotter ausfallen. Im Gegenteil: Das ist sehr hilfreich, da ich unbedingt den Schwung brauche. Der »Dicke« hat dann schnell begriffen, dass ein längeres Rennen im Kreis sinnlos ist und lässt sich wieder gut durchparieren. Zum Angaloppieren aus dem Trab halte ich mit dem inneren Zügel den Kopf des Pferdes leicht nach innen gestellt. Auf keinen Fall zu stark abstellen – dies fördert eher den Außengalopp! Der äußere Schenkel ist etwas verwahrend hinter dem Gurt, um beim Angaloppieren mit einem deutlichen Impuls die Hinterhand nach innen zu drücken. Der innere Schenkel bleibt am Gurt und ist beim Galoppieren für den Schwung verantwortlich. Diesen unterstütze ich je nach Bedarf besonders anfangs mit deutlichen Impulsen der Gerte an der Schulter, später auch hinter meinem inneren Unterschenkel. Aber Vorsicht! Ist der Reiter mit dem Umgang der Gerte nicht so geübt, passiert es sehr leicht, dass unbeabsichtigt die Hand beim Gebrauch der Gerte rückwärts auf den Zügel wirkt.

Im Galopp reite ich mein Pferd grundsätzlich so lange im Sicherheitsentlastungssitz, bis dieses ausbalanciert und rhythmisch auf beiden Seiten galoppieren kann. Da Kaltblüter im Allgemeinen eher dazu neigen, langsamer zu galoppieren, ist

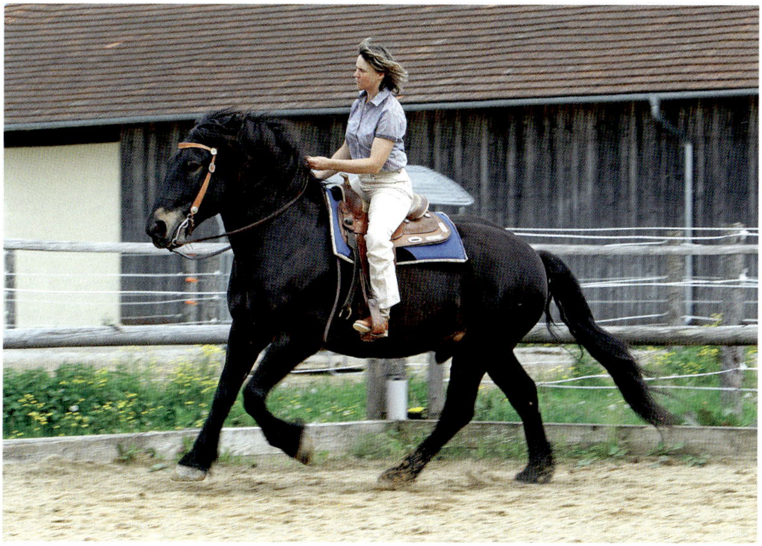

Am Anfang nur kurze Galopp-Reprisen einbauen, damit das Pferd nicht zu schnell ermüdet und dadurch der Schwung verlorengehen würde.

es besonders wichtig, den Schwung zu aktivieren und zu erhalten. Dies ist durch die Entlastung des Rückens für das Pferd viel einfacher, denn je langsamer das Tempo wird, umso mehr besteht die Gefahr, dass das innere, führende Beinpaar nicht mehr genug vorgreift und dadurch das Pferd in den Trab ausfällt. Im Sicherheitsentlastungssitz ist es dem Reiter außerdem viel leichter möglich, durch das stabile Fundament (Schulter, Knie, Bügeltritt, aufgestützte Hände) den unregelmäßigen Bewegungen des Pferdes zu folgen, ohne dieses zu stören. Habe ich keinen Roundpen zur Verfügung, brauche ich auf alle Fälle eine begrenzte Reitbahn (Reithalle/Reitplatz) mit rutschfestem Boden. Als Ausbilderin und Trainerin muss ich hier nochmal mit allem Nachdruck erwähnen, dass eine solide Grundausbildung nicht auf einem kleinen Stück rutschiger Wiese stattfinden kann. Dies ist für alle Beteiligten sehr gefährlich!

Zum Angaloppieren in einer Reitbahn nutze ich immer die erste Ecke der kurzen Seite. Das innere Beinpaar des Pferdes hat hier den kürzeren Weg und somit ist es einfacher, das Pferd auf der richtigen Hand anzugaloppieren. Die kurze Seite hindert das Pferd daran, eher zu stürmisch vorwärts zu rennen. Ganz wichtig ist es auch am Anfang, nur kurze Galoppreprisen einzubauen: In der Reitbahn reicht eine lange Seite, dann wieder durchparieren, im Roundpen maximal eine Runde. Dies zwei- bis dreimal wiederholen, dann Schritt am langen Zügel. Nach einer kurzen Verschnaufpause die andere Seite. Dies ist für die ersten Galoppeinheiten genug. Wir dürfen nie vergessen, dass jede neue Bewegung den Einsatz neuer Muskulatur erfordert und damit sehr schnell Ermüdungserscheinungen auftreten. Dies führt wie bei uns zu schmerzhaftem Muskelkater und beeinflusst die Motivation bei der Arbeit erheblich.

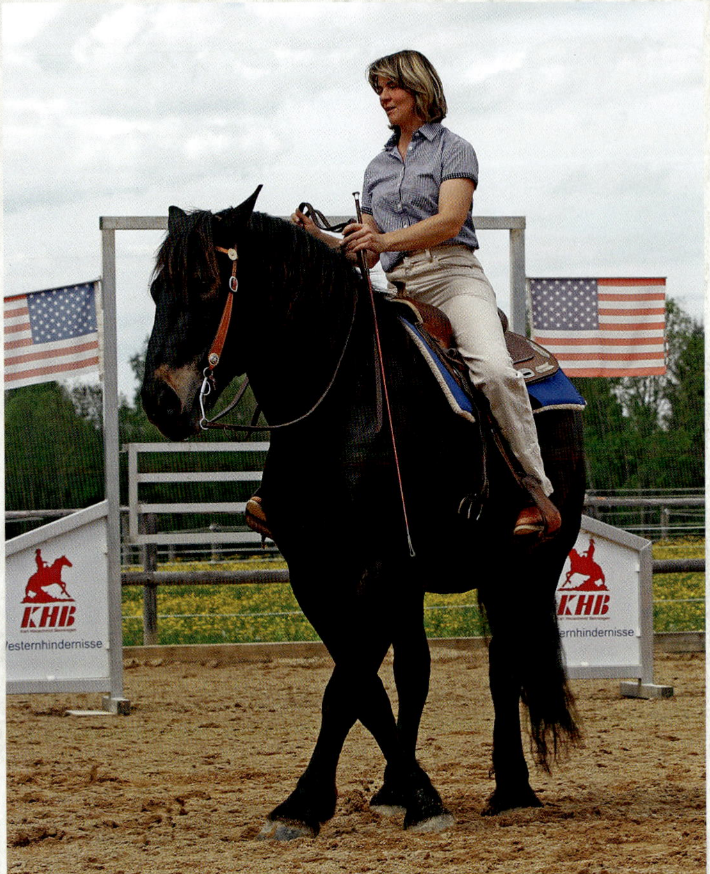

Übungen
für Fortgeschrittene

Wenn die Grundgangarten rhythmisch funktionieren und der »Dicke« gelernt hat, die Hilfen anzunehmen, wird es Zeit, durch abwechslungsreiche Aufgaben unser tägliches Training interessant zu machen. Hierfür eignen sich hervorragend Trailaufgaben, wie es beim Westernreiten in den Trailprüfungen gefordert wird. Diese Aufgaben kommen im Ursprung aus der täglichen Arbeit eines Gebrauchspferdes. Um diese Aufgaben für das Pferd verständlich zu machen, trainieren wir die Hindernisse zuerst wieder vom Boden aus. Hat unser Pferd durch die Bodenarbeit das Vertrauen und auch das Verständnis für die neuen Aufgaben erworben, ist es für uns viel einfacher, dies unterm Sattel abzurufen. Trailhindernisse kommen aus der Praxis und sind bei erfolgreicher Bewältigung nicht nur eine hervorragende Gymnastizierung für das Pferd, sondern auch von großem Vorteil in der praktischen Handhabung des Pferdes. Die verschiedenen Übungen in den Hindernissen fragen konzentriertes Vorwärts, Rückwärts und Seitwärts ab. Auch für ein Pferd ergibt es eher einen Sinn, beispielsweise rückwärts durch eine Stangengasse zu gehen, als wenn diese Übung ohne sichtbare Begrenzung geübt wird. Ich lasse Trailübungen immer wieder gerne in meine tägliche Arbeit mit einfließen, allerdings niemals zu lange oder gar ausschließlich, sonst sind unsere »Dicken« sehr schnell überfordert.
Am Anfang beginne ich auch hier möglichst mit einfachen Hindernissen. Das ist sehr wichtig, denn so wertvoll ein Hindernis zum Üben sein kann, genauso kann es bei negativen Erfahrungen dazu kommen, dass das Pferd die unangenehme Situation direkt mit dem Hindernis in Verbindung bringt. Beispiel: Das Pferd wird mit zu viel Druck durch ein Stangen-L rückwärts gezwungen und bekommt Stress – damit verbindet es sofort Stangen + Rückwärts = Stress. Dann kann schon der bloße Anblick von Stangen zu einer Verweigerung führen. Wichtig: Je enger die Stangen gelegt sind, umso schwieriger wird es. Deshalb am Anfang bitte erst mit größeren Abständen arbeiten.

Einige Beispiele aus der Praxis

Um zu erreichen, dass ein Pferd gleichmäßig rhythmisch in allen drei Grundgangarten über Stangen geht, muss man darauf achten, dass diese individuell passend für das jeweilige Pferd gelegt werden. Für dieses Rhythmusreiten bin ich wieder ausschließlich im Sicherheitsentlastungssitz, damit das Pferd über den Rücken schwingen kann. Diese Übung, insbesondere im Trab und später im Galopp, ist besonders gut geeignet, die Gleichmäßigkeit in den Gangarten zu schulen. Erst wenn diese Lektionen sicher ausgeführt werden, beginne ich mit den sogenannten Trailstangen. Diese liegen enger und fordern dadurch gerade bei unseren großen »Dicken« ein höheres Maß an Versammlung – dazu sitze ich dann im Vollsitz.

Unsere Kaltblüter neigen ja ganz gerne mal dazu, die am Boden liegenden Stangen nicht ganz ernst zu nehmen und damit die vorgegebenen Abstände zu ignorieren. Um hier mehr Aufmerksamkeit und letztendlich auch mehr Balance zu erreichen, verwende ich gerne zwischen den normalen am Boden liegenden Stangen eine, manchmal auch mehrere leicht erhöht liegende Stangen. Hierfür eignen sich sehr gut Cavaletti, allerdings in der niedrigsten Einstellung. Bitte nicht die Pferde über hohe Cavaletti traben lassen, denn das führt zum Wegdrücken des Rückens, da das Pferd die Beine zu stark anheben muss.

Übungen zum Rückwärtsrichten

Bevor ich versuche, ein Pferd rückwärts durch Hindernisse zu leiten, muss natürlich sichergestellt sein, dass das Pferd die Lektion »Rückwärts« grundsätzlich willig ausführt. Dann bauen wir eine Gasse mit zwei parallel liegenden Stangen, Abstand mindestens einen Meter. Zunächst reite ich langsam von beiden Richtungen vorwärts durch. In der nächsten Stufe reite ich durch und halte etwa in der Mitte an. Nun lasse ich es immer wieder ein paar Tritte rückwärtsgehen, bis es komplett aus den Stangen heraus ist. In diesem Stadium starte ich die Übung, solange mein Pferd noch mit den Hinterbeinen deutlich innerhalb der Stangen ist. Das »Rückwärtseinfädeln« ist dem Pferd am Anfang meist unangenehm, da Pferde direkt hinter der Schweifrübe einen »toten Winkel« haben. Es kann deshalb die Stangen nur schlecht wahrnehmen. Üben Sie darum ruhig und in kleinen Schritten, damit das Pferd nicht das Vertrauen verliert. Erst wenn es diese Übung sicher beherrscht, kann ich außerhalb der Stangen anhalten und das Pferd rückwärts einfädeln. Die Steigerung dieser Übung wäre das Stangen-L. Das setzt voraus, dass ein Pferd sicher »am Schenkel« ist, denn die Übung beinhaltet eine Hinterhandwendung plus einer Vorhandwendung. Der Reiter benötigt dabei viel Geduld und Disziplin, denn mit Zwang geht gar nichts – schon gar nicht mit unseren »Dicken«. Das Rückwärtsrichten durch Pylonen ist ebenfalls eine gute Variante, um Abwechslung in den Alltag zu bringen. Hierfür kann ich drei Pylonen hintereinander oder auch im Dreieck aufstellen. Der Abstand darf auch hier zu Anfang ruhig etwas mehr als einen Meter betragen.

Seitwärtstreten

Diese Übung setzt ebenfalls voraus, dass mein Pferd gelernt hat, willig dem Schenkel zu weichen. Gibt der »Dicke« bereitwillig in der Vorhand, Hinterhand und im direkten Seitwärts dem Schenkel nach, sind die folgenden Übungen eine willkommene Abwechslung: Als erstes seitwärts über eine am Boden liegende Stange treten. Diese Übung beginne ich wieder zuerst einfach, indem ich ungefähr in der Mitte der Stange das Pferd mit beiden Vorderbeinen drüber treten lasse und dann anhalte. Sollte das Pferd hierbei noch nicht ruhig und gelassen stehen, mache ich diese Übung so lange, bis es entspannt über der Stange steht. Das setzt allerdings voraus, dass der Reiter ebenfalls mit sehr viel Ruhe an diese Übung herangeht. Eselsbrücke für den Reiter: Wenn Sie seitwärts an ihrem Bein hinunterschauen, sollte die Stange ungefähr unter Ihrem Fuß zu sehen sein! Bleibt mein Pferd gelassen, gebe ich die Hilfen zum Seitwärtswegtreten. Jedes Pferd hat eine »gute« und eine »schlechte« Seite. Nehmen Sie anfangs zuerst die Seite, die ihrem Pferd leichter fällt. Aus der Mitte der Stange seitlich heraus brauchen Sie nur wenige Tritte, so dass Sie

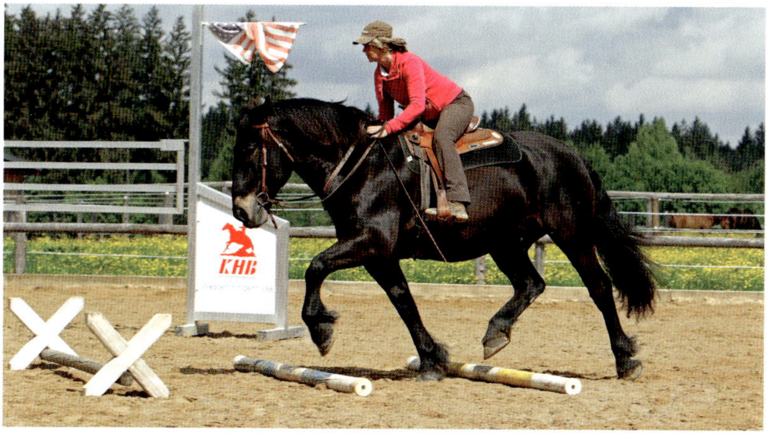

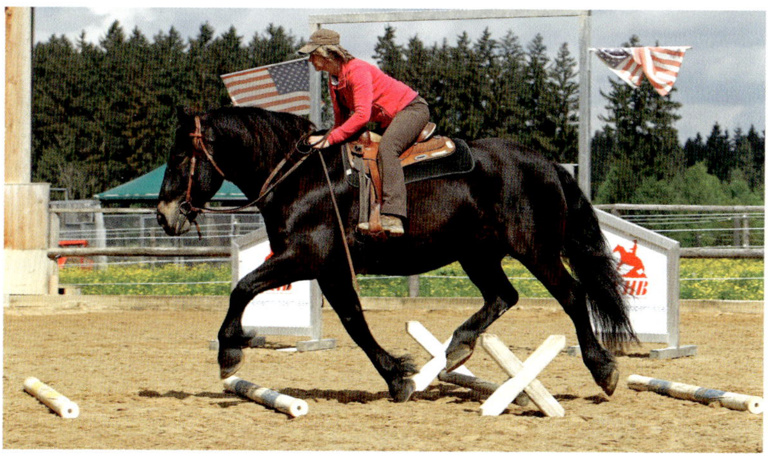

Diese Übung eignet sich hervorragend, um Rhythmik und Gleichmäßigkeit der Gangarten zu schulen. Hierfür verwende ich immer den Sicherheitsentlastungssitz.

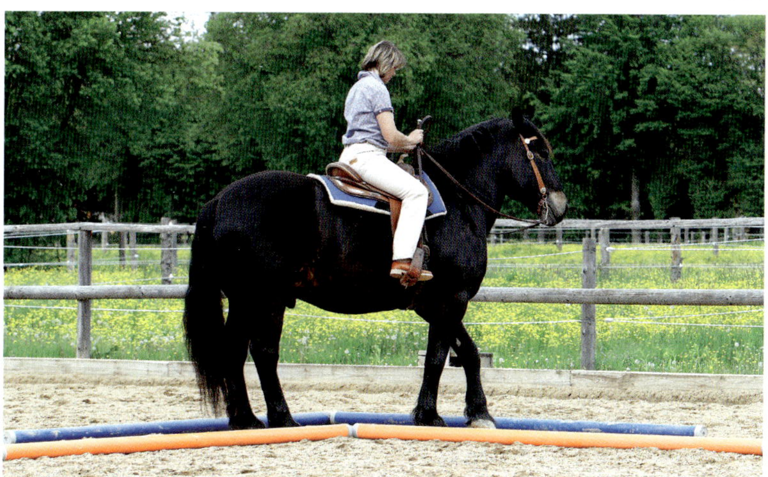

Ein Stangen-L lässt sich in alle Richtungen nutzen und bringt damit Abwechslung ins Training.

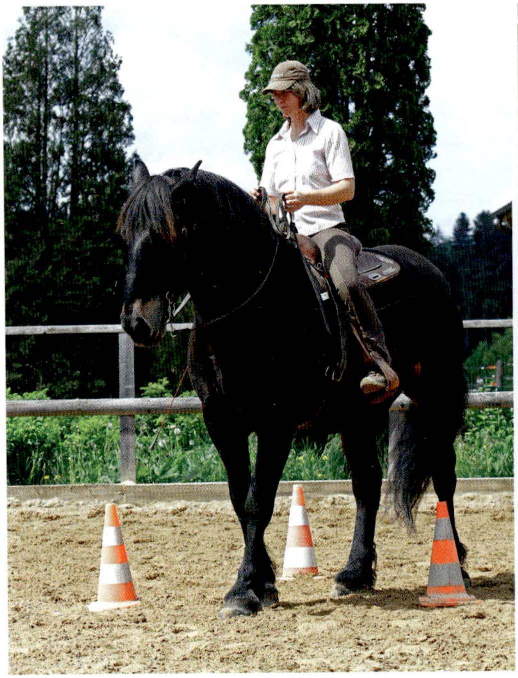

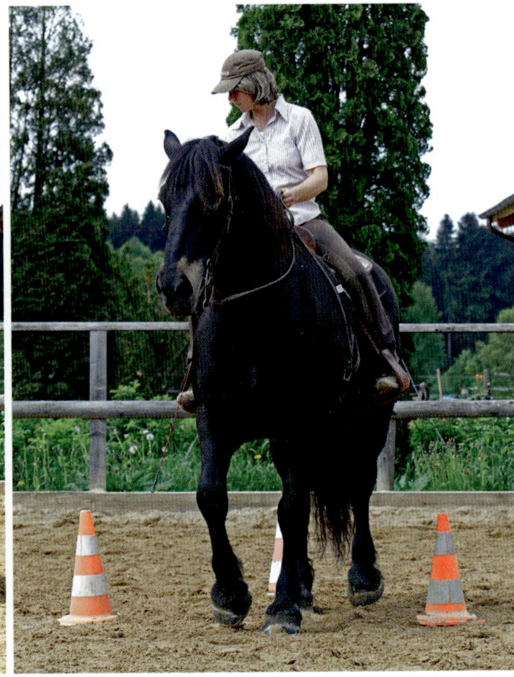

Pylone lassen sich im Training vielfältig nutzen: hintereinander gelegt zum »Schlangenreiten« oder in der Dreiecksform zum Rückwärts-Einfädeln.

Seitwärts ein Stangen-L zu nutzen, gehört sicherlich zu den fortgeschrittenen Übungen und fordert erhöhte Aufmerksamkeit von Pferd und Reiter.

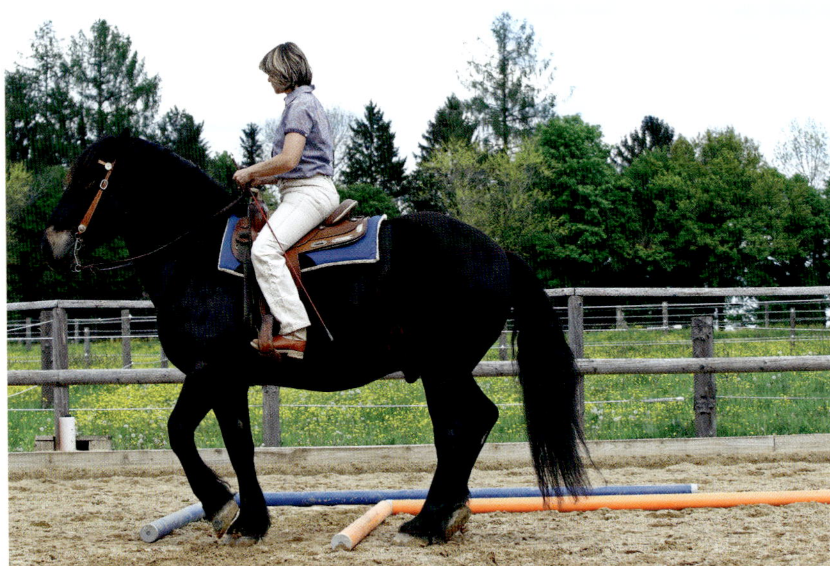

schnell zu einem positiven Ergebnis kommen werden. Wichtig: Sobald es neben der Stange steht, anhalten und stehen lassen, denn die Pause ist eine Belohnung. Verfahren Sie dann wie beim Rückwärts in das Stangen-L: Erst wenn das Pferd die Aufgabe verstanden hat, können Sie es auch seitwärts über eine ganze Stange »einfädeln«.

In weiterführenden Übungen lasse ich meine »Dicken« dann an zwei parallel liegenden Stangen nach rechts und nach links seitwärtstreten. Auch am Stangen-L kann ich das Pferd gut seitwärts gehen lassen. Hierbei erhöht es den Schwierigkeitsgrad wenn die Hinterhand im Stangen-L geht und die Vorhand außen ist. Natürlich gibt es auch hier noch eine Reihe von Variationen, um Abwechslung hineinzubringen.
Wichtig: Bitte nicht zu oft, nicht zu viel auf einmal und immer wieder Pausen einlegen!

Öffnen, Durchreiten und Schließen eines Tores

Diese Übung ist für die Praxis überaus hilfreich. Nicht selten kommt es vor, dass man im Gelände ein Tor öffnen bzw. schließen muss. Toll, wenn ich hierfür nicht vom Pferd steigen muss! Fürs Pferd bedeutet diese Übung äußerste Aufmerksamkeit und absoluten Gehorsam an allen Hilfen. Deshalb möchte ich diese Übung etwas genauer erläutern. Stellen Sie vorab sicher, dass die Konstruktion des Tores keine Gefahr für Pferd und Reiter mit sich bringt! Sollte ich kein geeignetes Übungstor zur Verfügung haben, kann ich den Grundsatz der Übung auch sehr gut mit zwei Springständern und einem stabilen Seil imitieren. Vorsicht! Pferde, die eher ängstlich gegenüber beweglichen Dingen sind, muss ich langsam an das Seil gewöhnen! Mit diesem provisorischen Tor kann ich zwar die Bewegungsabläufe üben und die Rittigkeit abfragen, allerdings ist es für ein Pferd doch ein Unterschied, wenn ein »echtes« Tor durchritten werden muss.
Die Idee dieser Übung ist, dass beim Durchreiten eines (Weide-)Tores kein Vieh entkommen darf. Das bedeutet, das Pferd muss beim Öffnen und Schließen mit seinem Körper die Lücke im Tor abdecken. Deshalb öffne ich das Tor immer vom Pferd weg, um diese Lücke möglichst klein zu halten. Bei korrekter Ausführung darf das Tor nicht losgelassen werden.
Zuerst möchte ich, dass mein »Dicker« parallel zum Tor auf beiden Seiten ruhig stehen bleibt. Diese Übung gehört zur Grundausbildung und sollte zuerst am Boden mit Führkette und Gerte geübt werden. Ist das gewährleistet, beginne ich, mein Pferd einige wenige Schritte vorwärts und rückwärts parallel zum Tor gehen zu lassen. Dazwischen immer wieder ruhig verharren und dann wieder vorwärts reiten. Zwischendurch kann man eine Trab- oder Galopprunde einbauen, damit der »Dicke« nicht zu lange nur stehen muss. Gerade junge Pferde finden das oft schnell langweilig. Steht das Pferd ruhig am Tor, nähere ich mich mit der freien, dem Tor zugewandten Hand dem Tor und wackle ein bisschen daran. Wird das Pferd hierbei nicht verunsichert, kann ich es schon einmal öffnen und etwas vom Pferd weg und wieder zum Pferd hin bewegen. Insbesondere wenn das Tor auf das Pferd zukommt, reagieren noch unsichere Kandidaten gern mit Ausweichen.

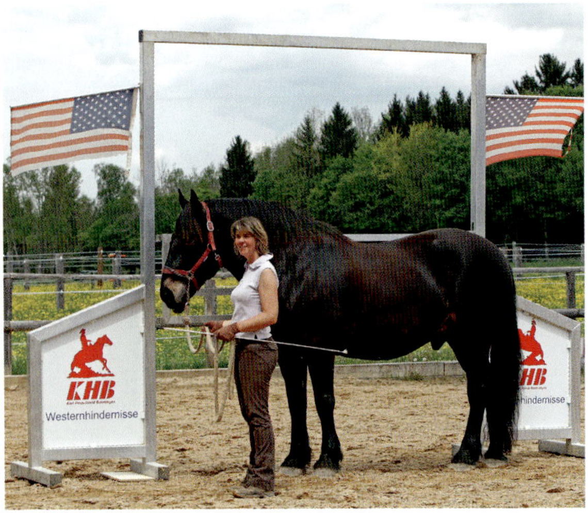

Bevor ich das Öffnen und Schließen eines Tores vom Sattel aus probiere, stelle ich am Boden sicher, dass mein Pferd das Hindernis positiv annimmt.

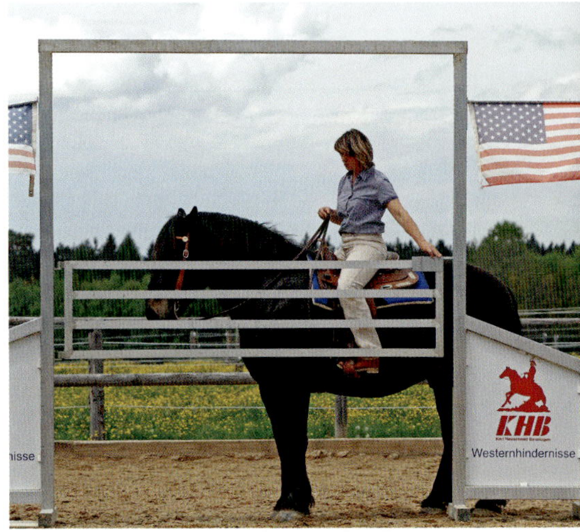

Ein massives Tor stellt am Anfang durchaus eine Herausforderung für das Pferd dar, darum diese Übung mit viel Ruhe und Geduld angehen.

Deshalb immer nur kleine Bewegungen machen. Als nächsten Schritt öffne ich das Tor so weit, dass das Pferd gerade mit seinem Körper durch passt. Dann lasse ich das Pferd langsam Schritt für Schritt vorwärts gehen. Zeigt das Pferd hierbei noch Unsicherheit, lasse ich es wieder entsprechend rückwärtsgehen, so dass ich das Tor wieder schließen kann. Ist das Pferd sehr unsicher, stoße ich das Tor etwas weiter auf, lasse es los und gehe mehrmals durch die große Öffnung, bis das Pferd Vertrauen aufgebaut hat. Wichtig: Diese Übung integriere ich immer wieder in meine täglichen Übungseinheiten. Auf keinen Fall zu schnell die Schritte aufeinander folgen lassen, wenn der »Dicke« noch Unsicherheit zeigt. Hier heißt es wieder einmal: Geduld, Geduld, Geduld! Der schwierigste Teil am Tor ist, wenn das Pferd durch die Öffnung getreten ist und ich dann auf der anderen Seite durch eine kombinierte Mittel- und Hinterhandwendung das Tor wieder schließen muss. In dieser Trainingsphase kann es besser sein, das Tor loszulassen und mit beiden Händen am Zügel dem Pferd die nötige Hilfestellung zu geben, um Sicherheit aufzubauen. Eventuell ist eine zweite Person am Boden hilfreich, die das Tor wieder in die richtige Position bringt.
Zum Abschluss noch ein paar Worte zu den sogenannten »Gefahrenhindernissen«: Plastikplane, Flatterbänder, Brücken, Wippen, Autoreifen und vieles mehr müssen sehr sorgsam ausgewählt und sehr bedacht geübt werden. Die Regeln, die in der Bodenarbeit besprochen wurden, gelten auch im Sattel. Besonders Hindernisse wie die Wippe oder Autoreifen können erfahrungsgemäß

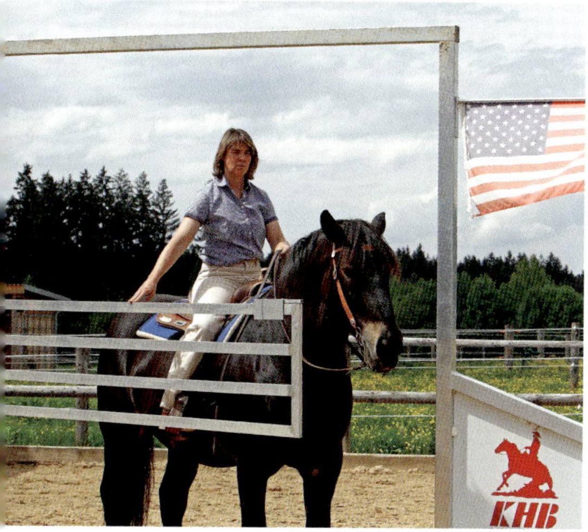

Diese Übung sollte der Reiter zunächst gedanklich und später praktisch in mehrere Trainingsschritte aufteilen, d.h. nach dem Öffnen des Tores kann ich anhalten, um dem Pferd die Gelegenheit zu geben, das Gelernte zu verarbeiten.

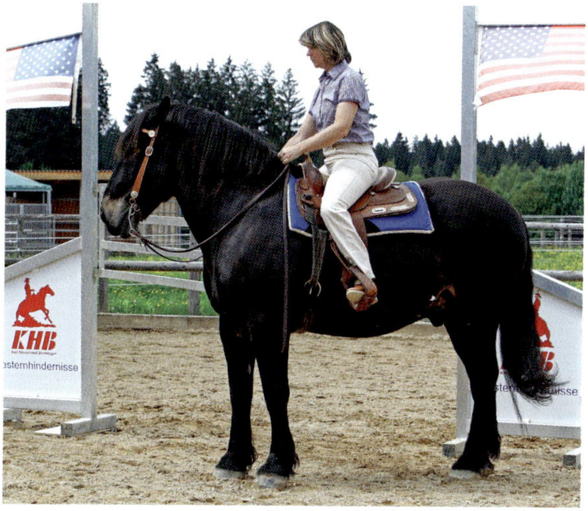

Das Öffnen, Durchreiten und Schließen eines Tores besteht aus Vorder- und Hinterhandwendung und prüft damit die Rittigkeit des Pferdes.

zu einer echten Gefahr werden. Deshalb solche Übungen immer erst angehen, wenn das Pferd zuverlässig die einfacheren Aufgaben bewältigt. Wenn Sie sich nicht sicher sind: Zumindest bei den ersten Malen die Hilfe eines Profis in Anspruch nehmen.

Springen

An dieser Stelle möchte ich nur kurz erwähnen, dass die natürliche Ausbildungsmethode von Rolf Becher besonders zum Springen geeignet ist. Grundsätzlich bin ich zwar der Meinung, dass Kaltblüter durch ihre Masse nicht unbedingt als alleinige Springpferde genutzt werden sollten. Allerdings kann gerade die Springgymnastik eine hervorragende Abwechslung ins Trainingsprogramm bringen.

Das Gesamtergebnis ist ein rittiges Pferd, das wir durch unsere Basisausbildung bereits erreicht haben. Unser auf leichteste Hilfen reagierender »Dicke« lernt nun bei dieser Arbeit möglichst selbstständig, verschiedene Aufgaben über Stangen und Hindernisse zu bewältigen.

Hierbei werden die verstandesmäßigen Fähigkeiten des Pferdes bewusst eingesetzt und eine partnerschaftliche Mitarbeit angestrebt. Ein in der natürlichen Methode ausgebildetes Pferd galoppiert rhythmisch an den Sprung heran und weiß, dass der Reiter es nicht stören wird. Grundvoraussetzung ist der effektive leichte Sitz. Dieser wird (je nach Körpergröße) durch das Verschnallen von etwa zwei bis vier Steigbügellöchern weniger als beim Sicherheitentlastungssitz erreicht.

Trail, Reiterspiele & GHP

Habt ihr auf diese Art und Weise euren »Dicken« fit gemacht fürs Reiterleben, macht es richtig Spaß, sich bei kleinen Veranstaltungen in Reiterspielen oder Allroundturnieren auch mal mit anderen zu messen. Da könnt ihr so manchen Zuschauer und auch Teilnehmer verwundert staunen sehen über die Rittigkeit und Leistungsbereitschaft eines Kaltblüters!

Das Fundament Schulter-Knie-Bügeltritt bleibt gleich.

Naturtrail

Der Naturtrail war schon immer ein Kindheitstraum von mir. In der Ausbildung von Pferd und Reiter lassen sich viele Ausbildungsschritte anschaulicher vermitteln. In der naturnahen Umgebung fällt es Pferd und Reiter leichter, Trainingseinheiten umzusetzen. Mir war es schon immer sehr wichtig, ein zuverlässiges Gebrauchspferd ausbilden und fördern zu können, das vielseitig und entspannt mitarbeitet.

Der »effektive leichte Sitz« ist der Hauptbestandteil der natürlichen Methode von Rolf Becher, er eignet sich hervorragend für Springgymnastik und Parcoursspringen.

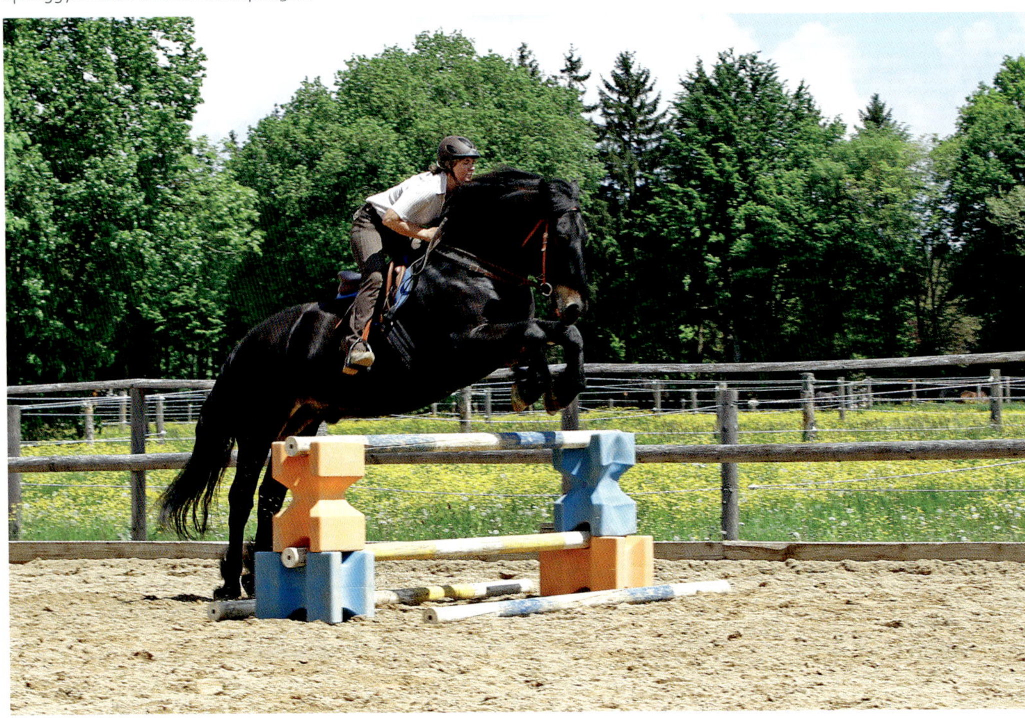

Egal ob bei der Bodenarbeit oder beim Reiten: Der Naturtrail bietet eine angenehme Abwechslung in der täglichen Trainingsarbeit. Er ist eine ideale Vorbereitung zum Geländereiten und gleichzeitig erhalten wir auf diesem Weg einen zuverlässigen Freizeitpartner.
Es muss auch nicht immer ein kompletter Trail sein. Viele Hindernisse lassen sich fast in jedem Gelände eines noch so kleinen Betriebs integrieren. Allerdings warne ich ausdrücklich vor sinnlosem Durchreiten oder Überwinden von Hindernissen. Es soll aufmerksam und zweckgebunden und vor allem bewusst gearbeitet werden. Ansonsten kann ein noch so toller Trail sehr schnell das Gegenteil bewirken.
Zudem finden bei uns nur Hindernisse Verwendung, von denen keine extreme Gefahr ausgeht. Ich verwende bewusst keinen Beinschutz, damit die Pferde auch selbst ihre Aufmerksamkeit schulen. Holzhindernisse sind hierfür meist besser geeignet.

Reiten im Gelände

Ich denke, das größte Ziel der meisten Reiter ist es, sicher und entspannt durch die Natur zu zie-

Naturtrail: Abenteuerspielplatz für Pferd und Reiter.

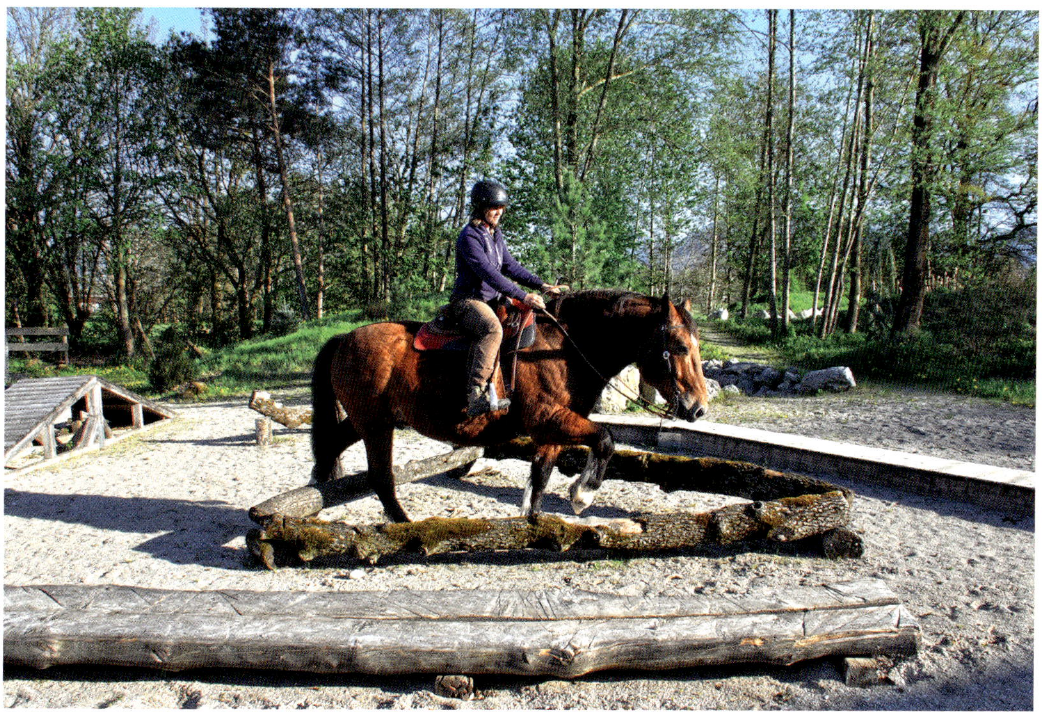

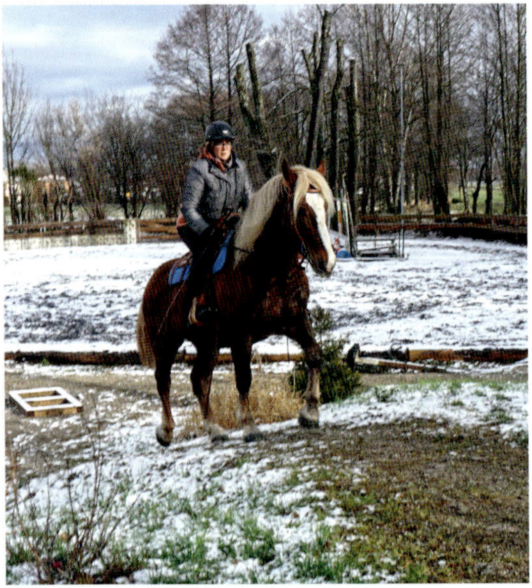

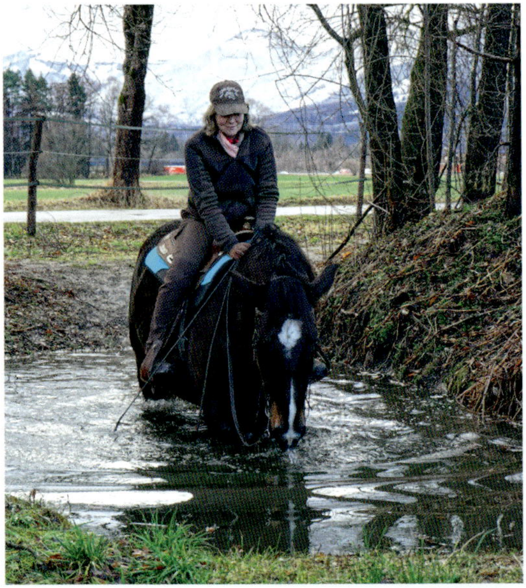

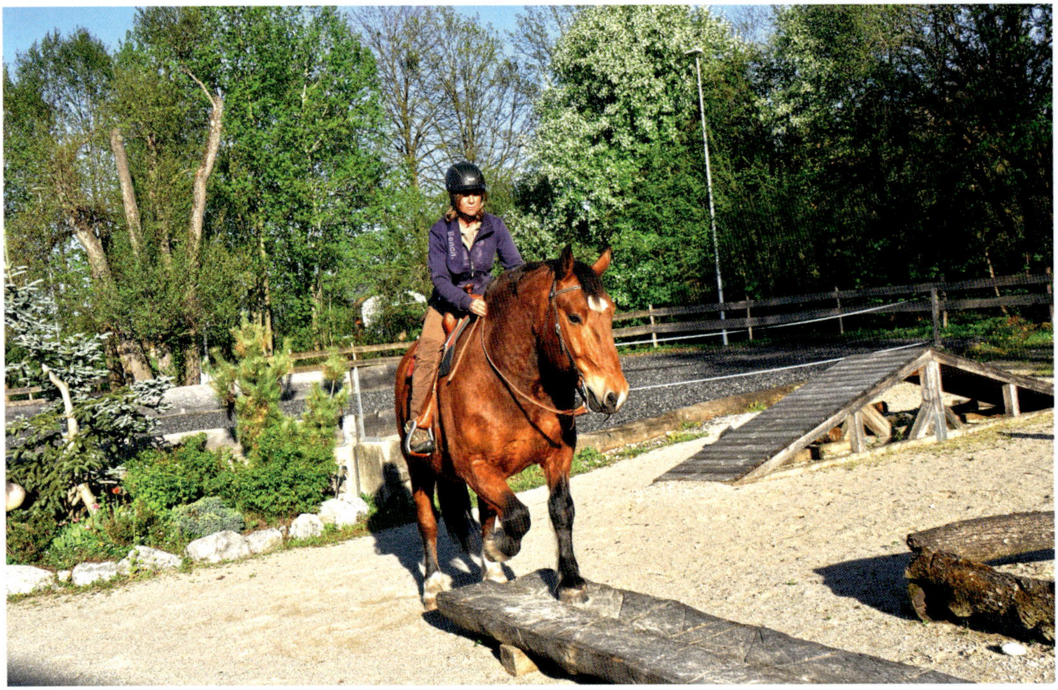

Die Möglichkeiten im Naturtrail sind aufgrund der unterschiedlichen Hindernisse groß: Klettern, Balancieren, Planschen und vieles mehr sorgt für fitte Pferde und schafft Vertrauen.

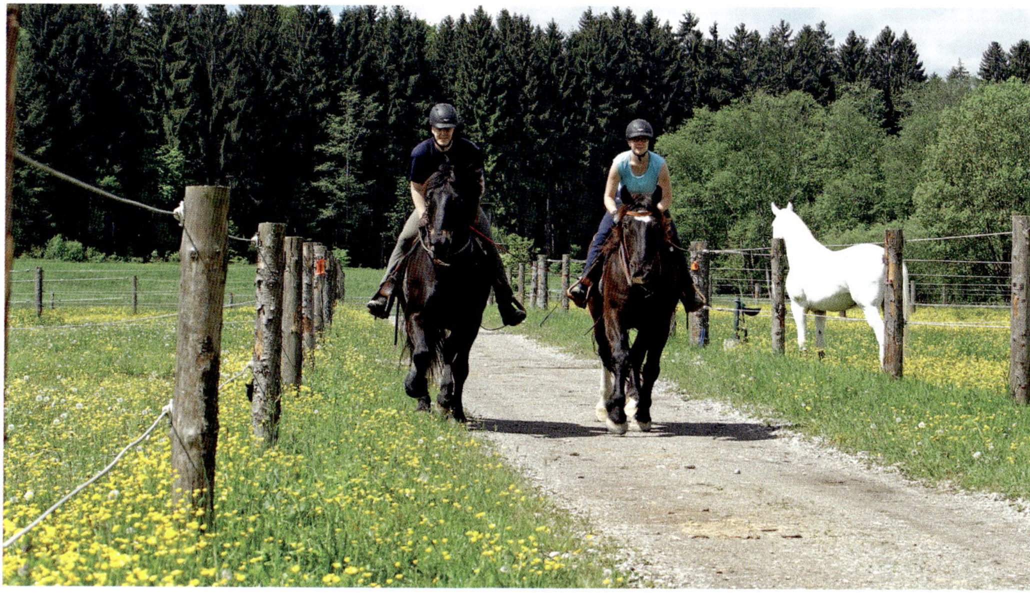

Ziel vieler Reiter ist es, sicher und entspannt mit seinem »Dicken« die Natur zu genießen.

hen. Im Übrigen zählt die reiterliche Ausbildung im Gelände genauso dazu wie die Übungen in Reithalle oder auf dem Reitplatz und sind unverzichtbar für jedes Pferd und jeden Reiter!

Nach der Grundausbildung – wobei die zeitliche Länge stark von Temperament, Charakter und Erfahrungen eines Pferdes abhängt – baue ich das Reiten im Gelände in den Trainingsablauf mit ein. Sollte das Berittpferd ruhig und kontrolliert draußen von mir zu reiten sein, kann ich, wenn der Pferdebesitzer trotzdem noch unsicher ist, ihn die ersten Male quasi als Handpferd mit seinem »Dicken« zu den Ausritten mitnehmen. Das stärkt auf beiden Seiten das Vertrauen und das Selbstbewusstsein. Sehr viele Übungen, die wir auf unserem Reitplatz oder der Reithalle geübt haben, lassen sich nun auch im Gelände vertiefen, bringen wieder Abwechslung in unsere Arbeit und machen damit viel mehr Sinn und Spaß!

Die alte Reiterregel

Besonders im Gelände betone ich immer wieder die alte Reiterregel: Ein Anfänger gehört auf ein erfahrenes Pferd und ein junges Pferd (auch jung an Ausbildung, nicht nur an Jahren) sollte mit einem erfahrenen Reiter im Sattel die ersten Male im Gelände geritten werden.

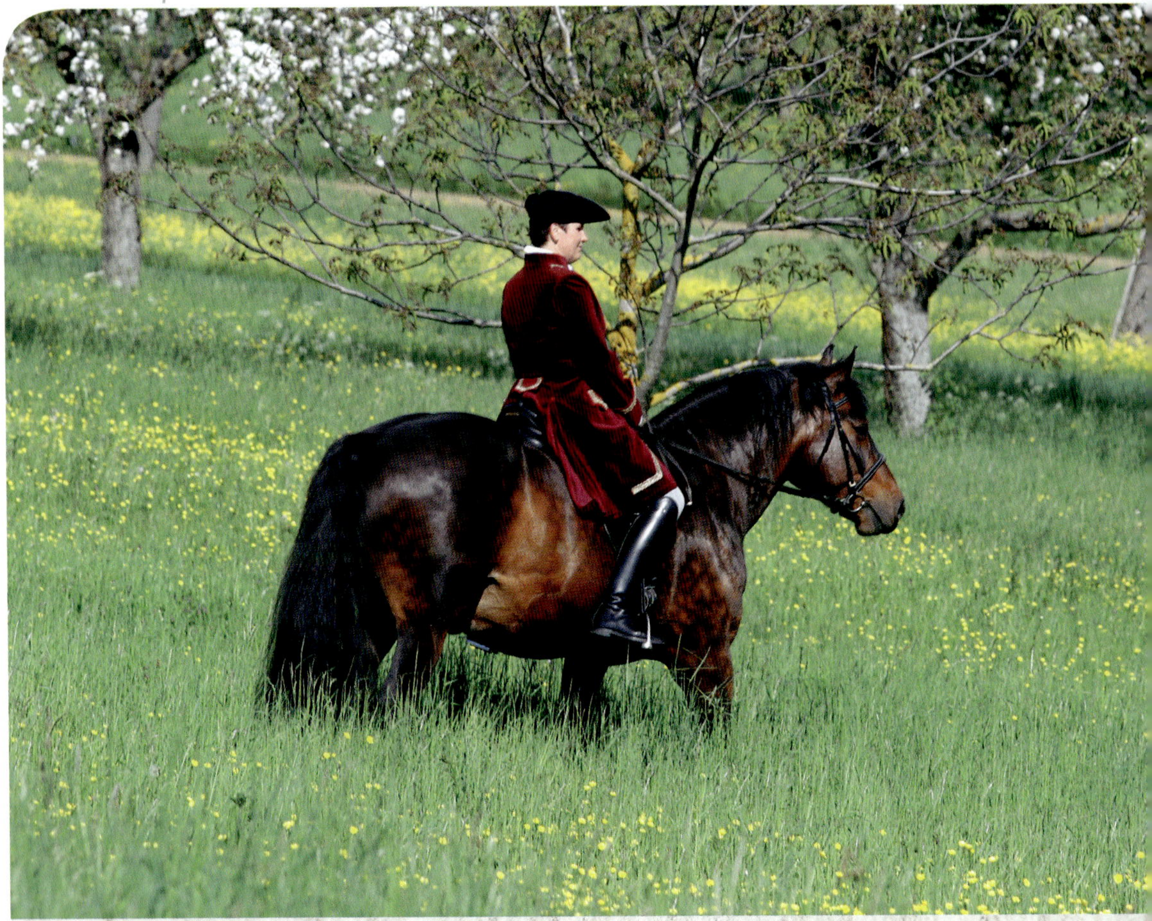

Die vielseitigen **Kaltblüter**

Was zeichnet sie nun aus: unsere »Dicken«. Also ich kann hier an dieser Stelle nur sagen, was mich von Anfang an und immer wieder an diesen Pferden begeistert: Es ist diese Ursprünglichkeit und auch Ehrlichkeit oder Direktheit. Ich habe mir oft überlegt: Was macht sie denn so anders gegenüber den »normalen« Reitpferden? Bei dieser Überlegung hilft ein Blick zurück in die Zuchtgeschichte: Kaltblüter wurden als Arbeitstiere gezüchtet. Und was war hierfür wichtig? Begriffe wie Konzentration bei der Arbeit, Arbeitswilligkeit, Nervenstärke und Umgänglichkeit sind bis heute noch Prüfungskriterien bei den Leistungsprüfungen für das Süddeutsche Kaltblut. Und das gilt nicht nur für diese Rasse. Als Arbeitspferde waren und sind genau diese Kriterien von enormer Bedeutung. Leider muss man auch sagen, dass diese Beurteilungskriterien bei den bekannten Reitpferderassen heutzutage meist keine große Bedeutung mehr beigemessen wird. Auch die Tatsache, dass die Dicken als Schrittpferde gezüchtet wurden, spielt eine Rolle. Fleißiger, raumgreifender Schritt war immer sehr wichtig und gerade für ein Freizeitpferd, das sich mit seinem Reiter viel im Gelände bewegt, ist ein guter Schritt von enormer Bedeutung.

Mittlerweile hat sich – besonders bei den leichteren Kaltblutrassen – das Augenmerk des Zuchtzieles verändert. Denn letztendlich muss man züchten, was auch verkauft werden kann. Gerade beim Süddeutschen Kaltblut, mit dem ich doch am meisten verbunden bin, wurde sehr wohl erkannt, dass Pferde mit dem Charakter des Kalt-

Ein schwungvoller und raumgreifender Trab ist sowohl beim Reiten als auch beim Fahren erwünscht.

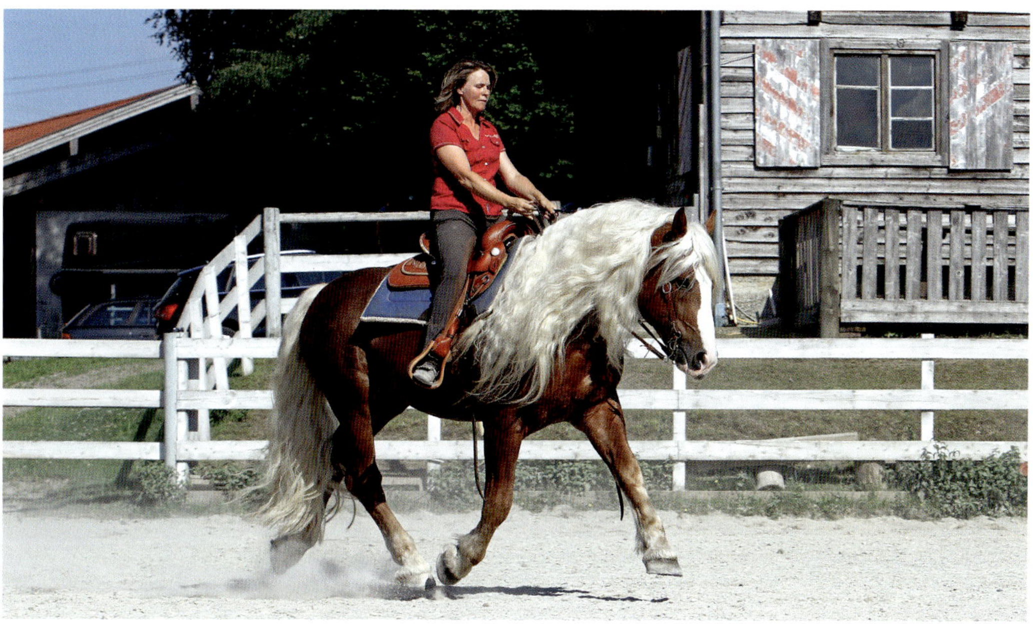

blutes gepaart mit guter Bewegung sich großer Beliebtheit erfreuen. Ein raumgreifender und schwungvoller Trab ist sowohl beim Fahren als auch beim Reiten erwünscht. Dies wurde in den letzten Jahren wesentlich verbessert, ohne dabei den Kaltbluttyp zu verlieren. Ich würde mir wünschen, dass in Zukunft auch dem Galopp noch etwas mehr Aufmerksamkeit geschenkt würde. Sicherlich darf und kann man aus einem Kaltblut keinen Langstreckengalopper machen. Aber mal ehrlich: Wer hat schon kilometerlange Galopp-Geländestrecken? Ich habe im Übrigen bei meinen »Kalten« mit entsprechendem Training immer genügend Power und »Luft« festgestellt, um den Galoppanforderungen eines normalen Reiters gerecht zu werden. Sicherlich habe ich bei der Auswahl meiner Pferde dieses Kriterium immer berücksichtigt. Neben den hervorragenden Charaktereigenschaften und angenehmen Gängen sind Kaltblüter häufig eine Augenweide: Innerhalb vieler Kaltblutrassen kann jeglicher Farbwunsch in Erfüllung gehen, darüber hinaus bestechen sie oftmals durch einen überdurchschnittlichen Behang. Das besondere Aushängeschild und große Plus der Kaltblüter ist ihre Vielseitigkeit und das breite Spektrum ihrer Einsatzmöglichkeiten. Nachfolgend wollen wir Ihnen anhand einiger Beispiele zeigen, wie und wo Kaltblutpferde eingesetzt werden und uns jeden Tag mit ihrer Leistungsbereitschaft und Kooperationswillen begeistern.

Die sportliche Ausrichtung des Fahrens erfreut sich ebenfalls großer Beliebtheit – hier ein imposantes Vierergespann mit Süddeutschen Kaltblütern.

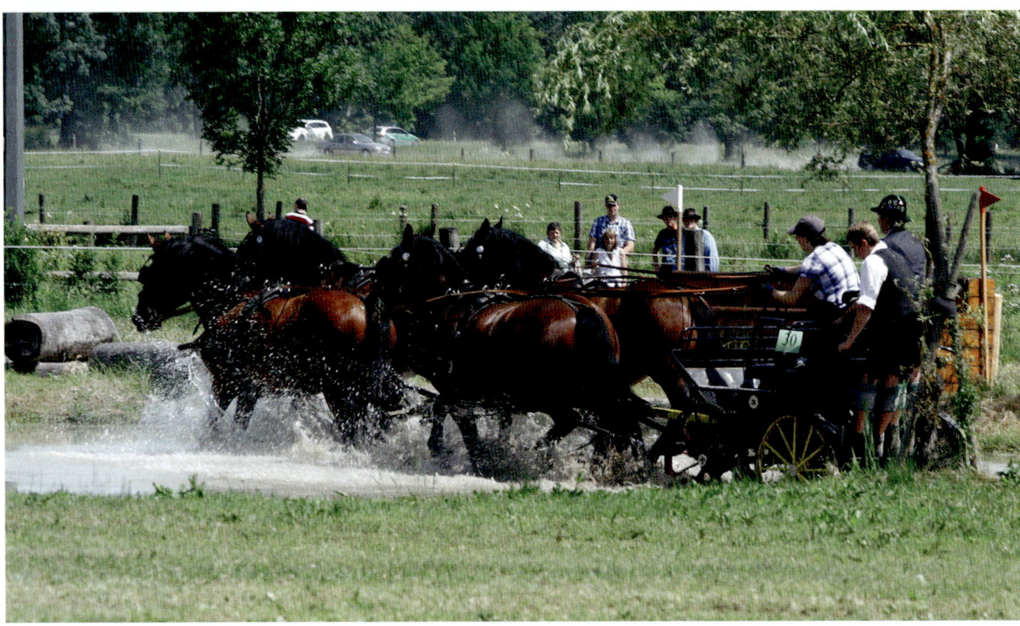

Tradition, Brauchtum und Moderne

Die etwas derbe Bezeichnung »Brauereigäule« deutet auf eine ihrer ursprünglichen Verwendungszwecke hin. Die Zugleistung der schweren Pferde steht bei den Zuchtleistungsprüfungen immer noch an erster Stelle, wohingegen die Wertnoten einer reiterlichen Prüfung den geringeren Teil ausmachen. Dass diese Gewichtung keineswegs ein Anachronismus ist, sehen wir in dem vielfältigen Einsatz von Kaltblutpferden in den traditionellen Arbeitsbereichen. Nach wie vor werden Kaltblüter in der Landwirtschaft und im Forst eingesetzt. Nachdem ausgeklügelte Technik in Form von Holzvollerntern (sogenannten Harvestern) Einzug in den deutschen Wald gehalten hat und dabei häufig eine Schneise der Verwüstung hinterlässt, besann man sich in besonders sensiblen Gebieten wieder auf die schonende Arbeit der Rückepferde. Es ist unglaublich interessant und spannend zu erleben, wie Mensch und Tier hierbei als Team arbeiten.

Da diese Tätigkeit jedoch saisonal begrenzt ist, haben Holzrückepferde häufig einen »Nebenjob«: So gehen viele Pferde vor einem Planwagen oder einer Kutsche, um ihren Lebensunterhalt zu verdienen. Ohnehin ist die Touristik mittlerweile ein wichtiges Standbein für den Erhalt der schweren Pferde geworden. Dort, wo der Autoverkehr eingeschränkt oder ganz verboten ist, sorgen schwere Pferde vor dem Wagen für die notwendige Versorgung der Bevölkerung und ihrer Gäste, wie zum Beispiel auf einigen Inseln in der Nordsee. Aber selbst da, wo Autos erlaubt sind, hat die Fortbewegung mittels Kutsche etwas wunderbar Entschleunigendes, so dass immer mehr Menschen dieses Erlebnis einmal haben möchten. Auch die sportliche Ausrichtung des Gespannfahrens hat in den letzten Jahren einen regelrechten Boom erlebt. Man könnte noch eine ganze Reihe von Beispielen aufführen, wo Kaltblüter »ihre Nische« gefunden haben, wie die Bewirtschaftung von Baumschulen, im gewerblichen Gemüse- oder Obstanbau, insbesondere in Biobetrieben. Sogar die Kommunen greifen auf den Einsatz von Kaltblütern zurück. So zieht in der Stadt Schwäbisch-Gmünd in Baden-Württemberg ein Percheron in den heißen Monaten den schweren Wasserwagen, um die Grünanlagen zu versorgen.

Viele Brauchtumsveranstaltungen sorgen außerdem dafür, dass die Bedeutung der Kaltblutrassen im Bewusstsein der Menschen erhalten bleibt. Das bayerische Haupt- und Landgestüt Schwaiganger feierte im letzten Jahr seine heimische Kaltblutrasse mit einem großen Festival. Das traditionelle Rossfest in St. Märgen findet in einem dreijährigen Turnus statt: Dort im Hochschwarzwald ist die Heimat der Schwarzwälder Füchse und mit viel Folklore wird daran erinnert. Neben den Veranstaltungen der Zuchtverbände bieten sogenannte Fuhrmannstage einen spannenden Einblick in die Arbeit mit einem Kaltblut. Hier messen sich Profis und Amateure an den langen Leinen in Wettbewerben wie Wettpflügen, Holzrücken oder Fahren mit einem Leiterwagen in einem Hindernisparcours. Etwas ganz Anderes ist die Verwendung von Kaltblutpferden beim therapeutischen Reiten: Hier muss man zwar berücksichtigen, dass ein Kaltblutrücken manchmal zu breit für Kinder sein kann, große bzw. schwere

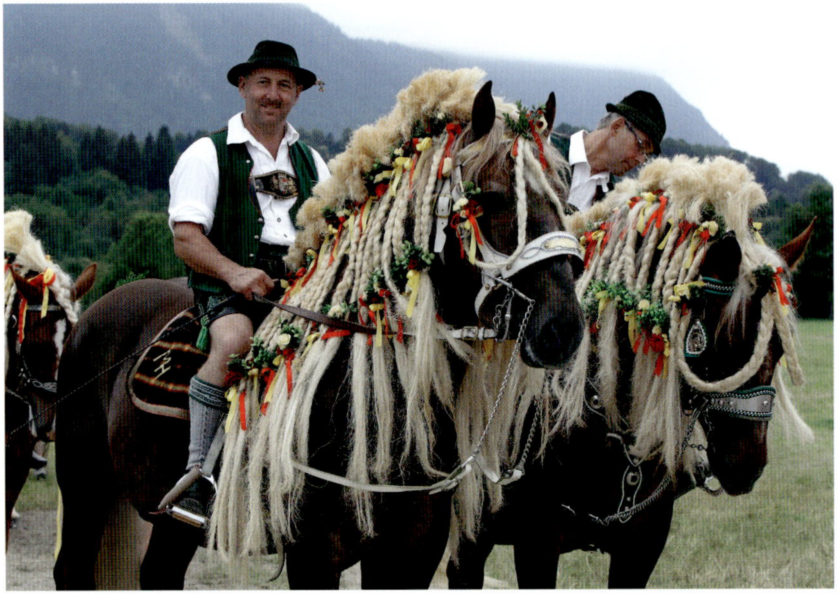

Keine Frage – die Kaltblutzüchter sind stolz auf ihre Pferde und zeigen das auch gerne wie hier auf dem Kaltblutfestival in Schwaiganger.

Patienten sich dort jedoch gut aufgehoben fühlen. Ein weiteres Betätigungsfeld ist die sogenannte Erlebnispädagogik: Der Wälderhof bietet mit seinen gelassenen Schwarzwäldern für Kinder ab drei Jahren und deren Eltern Nachmittage mit einmaligen Naturerlebnissen. Es gibt also viele Betätigungsfelder für die vielseitigen Kaltblüter. So haben es einige Rassen immerhin geschafft, auf der Liste der alten Haustierrassen nicht mehr als »stark gefährdet« eingestuft zu werden. Doch es gibt noch viel zu tun!

Kaltblüter im Schulbetrieb – ein Erfahrungsbericht:

»Kaltblutpferde kannte ich vor meiner Zeit bei Petra nur als Kutschenpferde und demzufolge hatte ich bislang keine Erfahrungen sammeln können. Als ich dann bei Petra meinen ersten Kontakt mit diesen beeindruckenden Tieren hatte, lernte ich, dass man auf ihnen sehr wohl reiten konnte.

Meinen ersten Kontakt mit Petras Kaltblutwallach Rokko hatte ich im Roundpen. Dort lernten wir, wie die Pferde auf unsere Körperhaltung und Sprache reagieren. Als Petra uns dies im Roundpen demonstrierte, sah alles sehr locker und einfach bei ihr aus. Als wir dann einzeln dazukamen und später sogar alleine mit dem Pferd im Roundpen arbeiten durften, war das dann schon etwas ganz anderes. Das Pferd kam mir riesig groß, gewaltig und etwas furchteinflößend vor. Als ich dann aber merkte, dass Rokko mich nicht zum Frühstück verspeisen wollte, sondern nur auf meine klaren Anweisungen wartete, habe ich mich doch etwas beruhigt. Stolz machte es uns dann, als wir merkten, dass auch dieses große Pferd das machte, was wir wollten.

Viele Dinge, die mir am Anfang als unmöglich erschienen sind, haben sich im späteren Verlauf als umsetzbar erwiesen. Alles an Rokko erschien mir für mich als zu groß und ich zu klein. Ich konnte mir nicht vorstellen, wie man diesem großem Tier ein Halfter oder ein Zaumzeug anlegen sollte, geschweige denn auf ihn hinaufkommen sollte. Mit der Zeit merkte ich aber, dass dies alles funktionierte. Rokko ist genau so gut erzogen wie alle Pferde von Petra. Er senkt den Kopf, wenn man ihm das Halfter und das Zaumzeug anlegen will und somit schafft man es auch, ihn zu zäumen. Zum Aufsteigen benutzen wir eine Aufstiegshilfe und damit kommt man auch auf Rokko hinauf.
Die ersten Reitstunden auf ihm waren dann auch sehr interessant für mich. Die Bewegungen von ihm waren doch etwas anderes. Jedoch sehr angenehm und weich. Man sitzt auf ihm wie auf einem Sofa. Beeindruckend sind für mich auch immer noch sein Galopp und das Gefühl, wenn er in den Galopp geht. Dort merkt man erst, wie viel Masse sich unter dem Reiter in Bewegung setzt und wie bequem es sich auf ihm sitzen lässt. Ein sanfter Riese eben.
Bei Rokko lernte ich auch, dass er genauso auf die Hilfen reagiert wie alle anderen Pferde von Petra. Am Anfang meinte ich immer, dass bei ihm viel mehr Energie und körperlicher Einsatz des Reiters gefordert ist. Aber das ist nicht so und man merkt im Laufe der Zeit, dass auch dieses große und beeindruckende Pferd genauso fein auf die Hilfen des Reiters reagieren kann.
Das sehe ich vor allem dann, wenn ich die Gelegenheit habe, Petra auf ihrem Rokko beim Reiten zu beobachten. Während des Unterrichts betrachte ich Rokko als meinen Lehrer, denn ich weiß, dass es immer – oder meistens – an mir liegt, wenn etwas nicht so läuft, wie ich es gerne möchte.«
Martina

Martina und Rokko

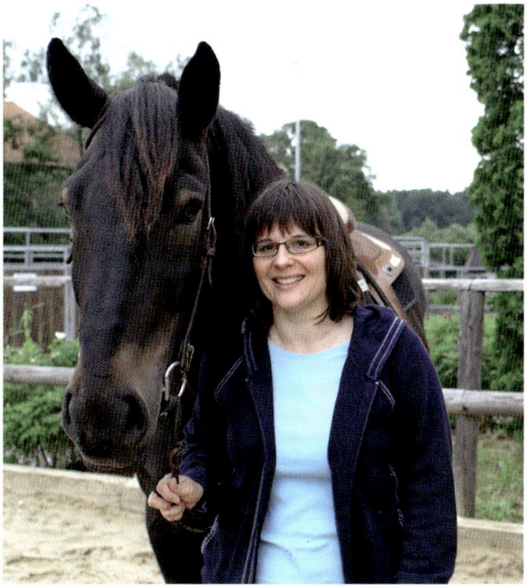

Vom Wanderreiten über Dressur bis Vielseitigkeit

Einige Zuchtverbände haben sich schon vor Jahren dazu entschlossen, mittels gezielter Anpaarung und Zuchtselektion die Gangqualität und damit die reiterliche Nutzung zu verbessern. Herausgekommen sind Pferde, die neben einem fleißigen Schritt einen ansprechenden Trab und sogar ausreichende Galoppaden aufweisen. Kaltblüter nehmen an Wanderritten teil und machen ohne Probleme »Strecke«: Die Schwarzwälder Stute »Ricke« aus der Nähe von Stuttgart hat sich mit ihrer Reiterin mehrfach in Richtung Offenburgzum Sternritt der Pferdemesse Eurocheval

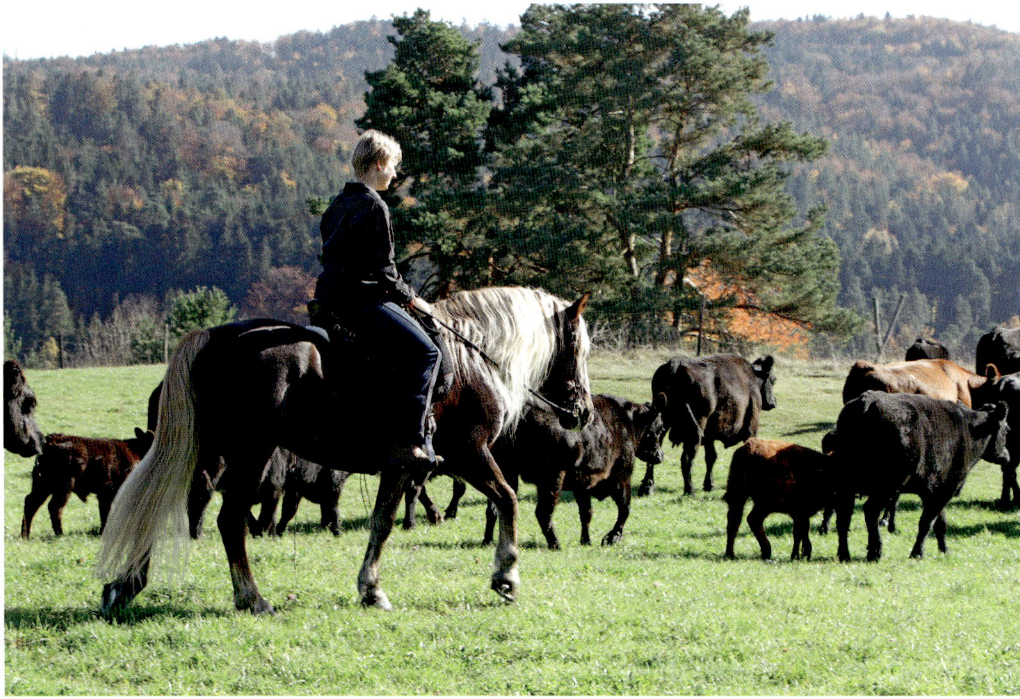

Die 20-jährige Schwarzwälder Stute »Ricke« beweist Mut und Ausdauer – neben ausgedehnten Wanderritten beteiligt sich ihre Besitzerin Antje Hina auch an einem Viehtrieb auf der Schwäbischen Alb.

aufgemacht und erfolgreich den anspruchsvollen Weg gemeistert; zuletzt mit 20 Jahren.
Überhaupt hat sich der Schwarzwälder Fuchs mit seiner moderaten Größe und den guten Charaktereigenschaften seinen Platz in der Freizeitreiterszene erobert.

Die reiterliche Ausbildung von Pferd und Reiter erfolgt in Deutschland vorwiegend im klassisch-englischen Stil, wobei Kaltblüter in sportlichen Prüfungen noch wenig vertreten sind. In Österreich sieht es da anders aus: Dort gehören Wettbewerbe für Noriker von Dressur über Springen bis hin zur Vielseitigkeit seit vielen Jahren zum gewohnten Bild. Wie es dazu kam, erzählt die Geschichte der Reitergruppe Wals im Salzburger Land. Der Grundstein für diese Aktivitäten wurde schon sehr früh gelegt – nämlich kurz nach Ende des Zweiten Weltkrieges. 1956 sind die Walser Reiter der »Union ländlicher Reiter und Fahrer Salzburgs« beigetreten und damit galt die Reitergruppe Wals als formell gegründet. Der damalige Baierlbauer in Wals, Matthias Brötzner, wurde kurz nach Ende des Zweiten Weltkrieges von der Gemeinde ersucht, eine Reitergruppe für die Verschönerung von Festen und Umzügen zusammenzustellen. Trotz dieser Bemühungen war zum 20-jährigen Jubiläum der Reitergruppe das Norikerpferd vom Aussterben bedroht. Matthias Brötzner beschrieb das Hauptziel des Vereins in der damaligen Festschrift als »Der Noriker soll bleiben«, denn 1973 wurden in der Gemeinde Wals nur noch sieben Pferde gezählt. Aufgrund der Technisierung hatte das Pferd seinen Stellenwert in der Landwirtschaft verloren und musste den Traktoren weichen. Schnell hatte man erkannt, dass man sich dem Markt anpassen musste und den Gründern der ländlichen Reitvereine ist es zu verdanken, dass das Norikerpferd vom Arbeitstier zum Sport- und Freizeitpferd immer mehr an Bedeutung gewann. Der Bestand erhöhte sich in den letzten Jahrzehnten kontinuierlich.

Die Reitergruppe Wals ist ein schönes Beispiel dafür, wie eine Kaltblutrasse vor dem Aussterben bewahrt werden konnte. Ihre Mitglieder verfolgen die Ziele der »Gründungsväter« entsprechend der sportlichen als auch der traditionellen Ziele mit großem Engagement. Neben der Gestaltung von Brauchtumsveranstaltungen überzeugt die Reitergruppe mit sportlichen Erfolgen in Dressur, Springen und Vielseitigkeitswettbewerben. Auch bei den Schweizer Nachbarn organisieren sich die Liebhaber der »Dicken«: Der Verein Schwerer Zugpferde veranstaltet z.B. regelmäßig Dressurturniere für Kaltblutrassen.

Western gerittene Kaltblüter

Die Vielseitigkeit der Westernreitweise hat Petra Dürr vor vielen Jahren dazu gebracht, ihre Pferde und sich selber darin auszubilden. Ähnlich wie Rolf Becher die Ausbildung des Gelände- und

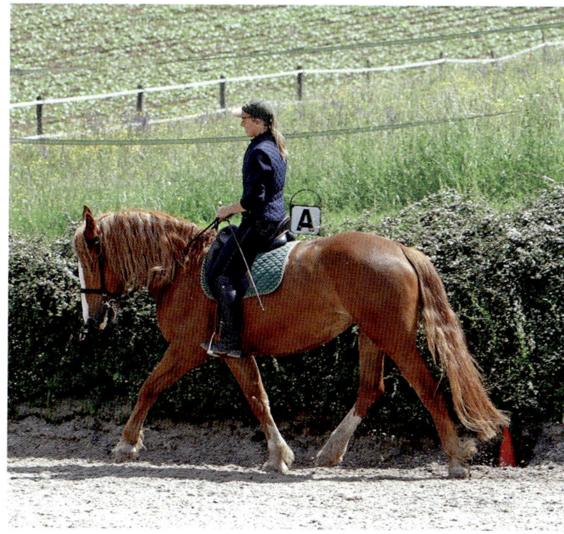

Die 5-jährige Süddeutsche Kaltblutstute »Zora« beeindruckt ihre Ausbilderin mit einem hervorragenden Gangvermögen.

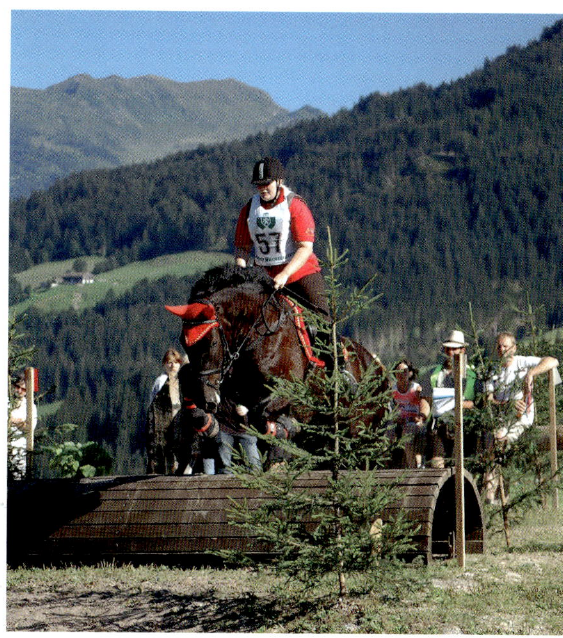

Österreich ist Vorreiter in Sachen »sportliches Kaltblut«: Santana 36 in der Vielseitigkeit Klasse A für Noriker mit seiner Besitzerin Julia Rieder.

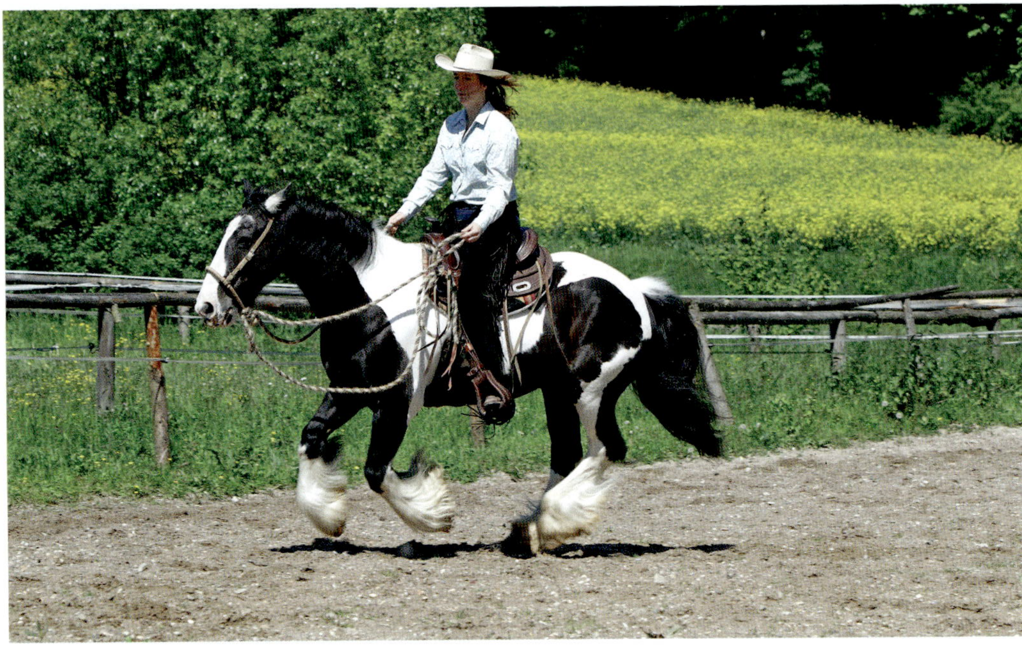

Kaltblüter oder kaltblutnahe Rassen wie der Irish Tinker profitieren von einer Westernausbildung – »Sir Charly« und Michaela Bihler haben dadurch schon viel erreicht.

Vielseitigkeitspferdes beschrieben hat, ist für sie ein Pferd, das aus größter Selbstständigkeit heraus die »Anweisungen« des Reiters befolgt, das höchste Ausbildungsziel. Deshalb findet sie zum einen ihre natürliche Ausbildungsmethode »Einfach reiten« und die des Westernreitens so gut für Kaltblüter geeignet, da diese den Weg zu einem zuverlässigen Freizeitpartner fördern. Beide Reitweisen erstreben erstklassige Rittigkeit mit gut geschulter reiterlicher Einwirkung, die auf Basis des Vertrauens das Pferd weitgehend zum selbstständigen Partner macht. Leider wird heutzutage vielfach – sowohl im Dressur- als auch im Westernreiten – der Spezialist einer Disziplin gefordert und gefördert und nicht das vielseitige Gebrauchspferd als Partner des Menschen. Eine Entwicklung, die sehr bedauerlich ist – aber das ist eine andere Geschichte!

Kaltblüter mal klassisch-barock

In einigen Kreisen der Reiterschaft hat eine Rückbesinnung auf traditionelle Werte, verbunden mit den Lehren der alten Reitmeister wie François Robichon de la Guérinière, Baucher oder Pluvinel stattgefunden. Befeuert durch Veröffentlichungen diverser Reitmeister der Gegenwart und dem verstärkten Import von sogenannten barocken Rassen nimmt die klassisch-barocke Reitweise mittlerweile einen gewissen Raum ein. Doch nicht

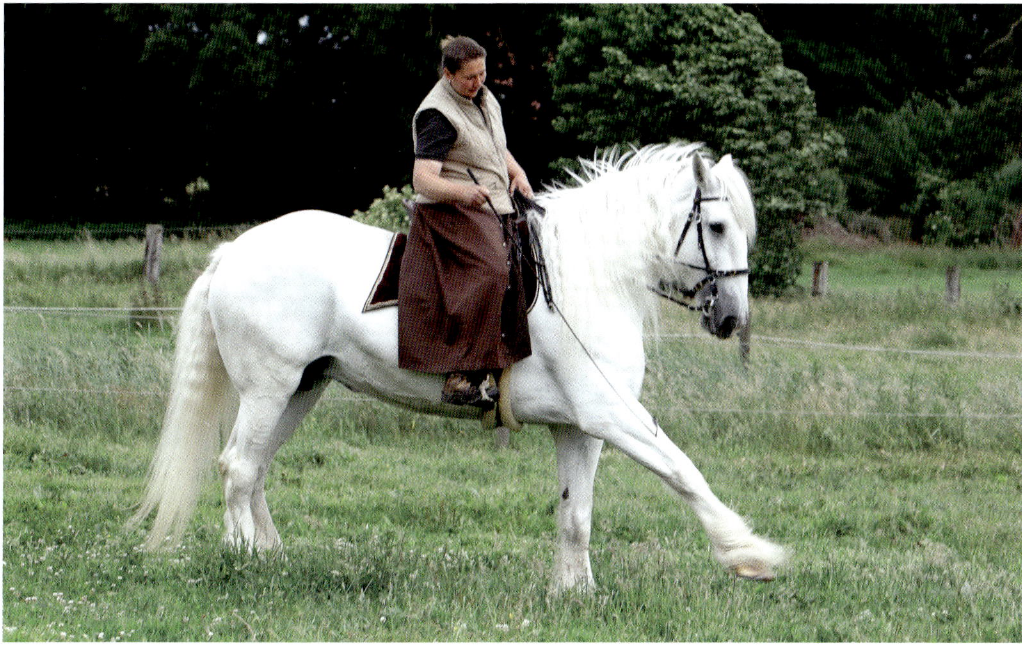

Martina Staemmler-Gerusel bildet ihre Kaltblüter klassisch-barock aus – die Shire-Stute »Cumeragh House Anna« liebt es, sich zu präsentieren.

jeder Reiter kann oder will sich zum Beispiel einen spanischen Hengst leisten. Da erinnert sich der eine oder andere daran, dass Kaltblüter – entsprechende Förderung vorausgesetzt – sich durchaus für diese Reitweise eignen. Ähnlich wie bei der Westernreitweise sollte man die Ausbildungsschwerpunkte nicht auf das reduzieren, was man auf einem Turnier oder auf einer Reitvorführung sieht. In der klassisch-barocken Reitweise gehören Langzügelarbeit und gymnastizierende Seitengänge zur Grundausbildung, um das Pferd auf die Hinterhand zu bringen und den Schwung zu erhalten. Das kommt unseren »Dicken« durchaus entgegen und führt zu erstaunlichen Ergebnissen.

Grundsatz

Einen Grundsatz muss man immer beherzigen, egal welche Rasse man bevorzugt oder welche Reitweise: Der Mensch muss immer die natürlichen Grenzen seines vierbeinigen Partners berücksichtigen. Wer das nicht vergisst, kann mit einem Kaltblüter durchaus viel Freude erleben – wie alle Beispiele anschaulich zeigen.

A

Arbeitsgemeinschaft der Norikerzüchter
Österreichs, Stallamtsweg 1, A-4651 Stadl-Paura
Tel.: +43(0)50 6902 3111
E-Mail: noriker@pferdezucht-austria.at
www.pferdezucht-austria.at

B

Bayerisches Haupt- und Landgestüt Schwaiganger
82441 Ohlstadt/Oberbayern
Tel. 0 88 41/61 36-0, www.lfl.bayern.de

D

Der Wälderhof, Antonia & Uli Kaupp GbR
Vörbacher Str. 4, 72285 Pfalzgrafenweiler-Neunuifra
Tel. 0 74 45/85 43-0 oder mobil 01 72/6 16 36 74
Email: antoniakaupp@t-online.de
www.waelderhof-kaupp.de

Deutscher Förderverein für Freiberger Pferde e.V.
www.freiberger-pferde.de

Deutsche Huforthopädische Gesellschaft e.V. (DHG)
www.huforthopaedie.org.

F

Freiberger Emmental/Schweiz
Email: baetzi@freiberger-emmental.ch
www.freiberger-emmental.ch

H

Haupt- und Landgestüt Marbach
Gestütshof 1, 72532 Gomadingen
Tel. 0 73 85/96 95-0, Email: poststelle@hul.bwl.de
www.gestuet-marbach.de

HIT Aktivstall
HIT Hinrichs Innovation + Technik GmbH
Kleine Straße 2, 25795 Weddingstedt
Tel. 04 81/68 37 63-0, Email: info@aktivstall.de
www.aktivstall.de

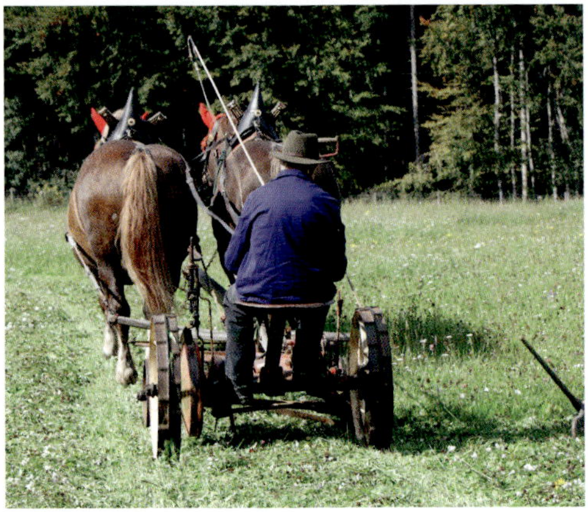

I

Interessengemeinschaft der Kaltblutzüchter
im Pferdezuchtverband Baden-Württemberg
Kontaktadressen für die Rassen Rheinisch-Deutsches Kaltblut, Brabanter, Niederländisches Kaltblut: Rudi Geromiller
88319 Aitrach-Waldhof, Tel. 0 75 65/52 95
Georg Pritzi, Bilgerhof
88317 Aichstetten-Eschach, Tel. 075 65/13 53

L

Landesverband Bayerischer Pferdezüchter e.V.
Geschäftsstelle: Landshamer Str. 11
81929 München , Tel. 089/92 69 67 (Andrea Schneider) Email: info@bayerns-pferde.de; www.bayerns-pferde

P

Pferdezuchtverband Baden-Württemberg e. V.
Am Dolderbach 11, 72532 Gomadingen-Marbach
Tel. 0 73 85/9 69 02-0, Email:
poststelle@pzv.bwl.de
www.pzv-bw.de

Pferdezentrum Stadl-Paura GesmbH.
Stallamtsweg 1, A-4651 Stadl-Paura
Email: info@pferdezentrum.org
www.pferdezentrum-stadlpaura.at

R

ROSSINGER e.U.
Internationales Magazin zur Förderung der Kaltblut- und Haflingerpferdezucht
IG für Kaltblutpferde in Österreich
Email: verlag@rossinger.at, www.rossinger.at

S

Spöckerhof, Petra Dürr, Spöcker Str. 58,
83064 Raubling, mobil: 0172 / 6 72 23 13,
Email: info@petraduerr.de
www.petraduerr.de + www.spoeckerhof.de

Starke Pferde-Verlag
Weißer Weg 109, 32657 Lemgo
Tel. 0 52 61/92 79 26
Email: eschroll@starke-pferde.de
www.starke-pferde.de

V

Verein Freunde Schwerer Zugpferde Schweiz
Reusstal 11, CH-5522 Tägerig
www.zugpferde.ch

Es gibt weitaus mehr Anlaufstellen für kaltblutinteressierte Menschen; hier sind nur ein paar wichtige Adressen erwähnt, beziehungsweise solche, die in irgendeiner Form einen Beitrag zu diesem Buch geleistet haben.

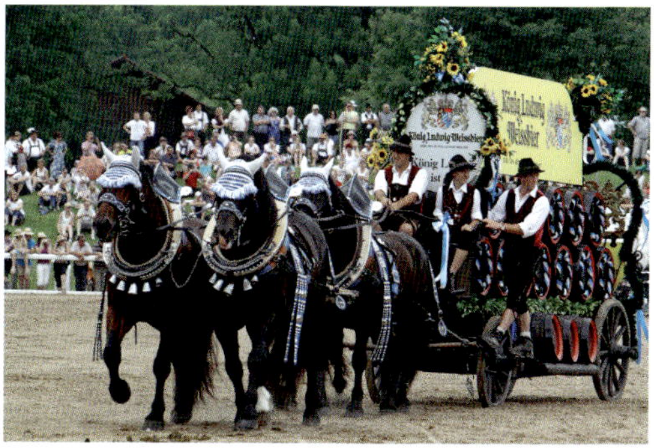

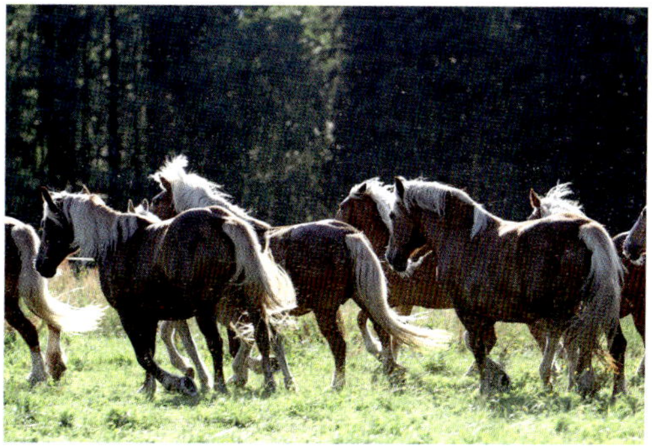

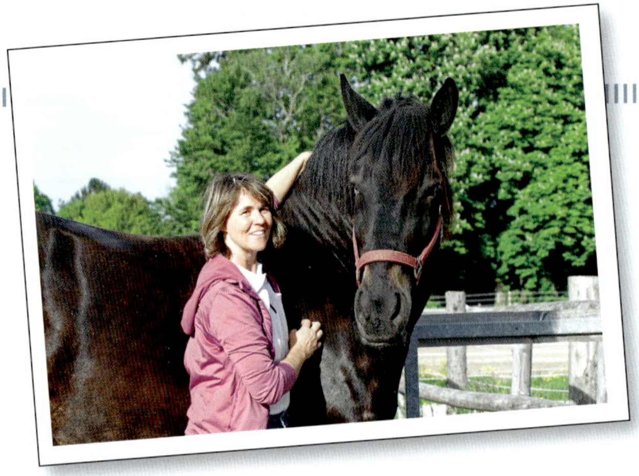

Petra Dürr / Carola Steen

Petra Dürr ist Pferdewirtschaftsmeisterin und in vielen Sätteln zuhause. Ihre Schüler werden sowohl in der Westernreitweise als auch klassisch in Dressur und Springen unterrichtet. Darüber hinaus liegt ihr die natürliche Ausbildungsmethode nach Rolf Becher sehr am Herzen, denn Schwerpunkt dieser Ausbildung sind Vertrauen und Harmonie zwischen Pferd und Reiter. Mit dem Fahrabzeichen hat sie die Zügel von ein- bis vierspännig fest in der Hand. Die Liebe zu den Kaltblütern begann schon vor langer Zeit, seitdem hat sie diese faszinierenden Pferde in vielen Sparten des Reitsports ausgebildet.

Carola Steen ist als freie Autorin und Fotojournalistin für verschiedene Publikationen tätig. Sie wuchs mit Islandpferden auf, wechselte später in den Westernsattel und ist seit langem dieser Reitweise verbunden. Doch es gibt immer wieder Abstecher zu anderen Reitweisen und Pferderassen: »Die Faszination, die von diesen Tieren ausgeht, ist Inspiration genug und unterliegt keinem Dogma.«